ANTIKE UND GEGENWART

Werte der Antike - Werte Europas

Projekte zur Philosophie

bearbeitet von
Hans Leretz

C.C. BUCHNERS VERLAG

ANTIKE UND GEGENWART

Lateinische Texte
zur Erschließung europäischer Kultur

Herausgegeben von Prof. Dr. Friedrich Maier,
Humboldt-Universität zu Berlin

Einbandmotiv: Raffael (1483-1520), „Die Schule von Athen" (Fresko 1508-11), Rom, Vatikanische Museen, Stanza della Segnatura. Im Zentrum des Bildes stehen Platon (links, mit den Zügen Leonardo da Vincis) und Aristoteles (rechts), im Vordergrund ist rechts, auf der Treppe liegend, der kynische Philosoph Diogenes dargestellt; links, auf einen Marmorblock gestützt, der Naturphilosoph Heraklit. Links im Hintergrund sieht man Sokrates, mit seinen Schülern diskutierend.

1. Auflage 4^{321} 2001 00 1999 98
Die letzte Zahl bedeutet das Jahr des Druckes.

Dieses Werk folgt der reformierten Rechtschreibung und Zeichensetzung. Ausnahmen bilden Texte, bei denen künstlerische, philologische oder lizenzrechtliche Gründe einer Änderung entgegenstehen.

Alle Drucke dieser Auflage sind, weil untereinander unverändert, nebeneinander benutzbar.

ISBN 3 7661 **5946** 1

Gesamtherstellung: Fränkischer Tag GmbH u. Co. KG, Bamberg

Einleitung

Angesichts der weit verbreiteten Orientierungslosigkeit und des zu beobachtenden Werteverfalls in unserer pluralistischen Gesellschaft wird über das Thema 'Werte' in der Öffentlichkeit und in der wissenschaftlichen Literatur viel diskutiert, zunächst über die Frage nach dem Wesen der Werte überhaupt: Für die einen sind sie eigenständige, abstrakte Wesenheiten, ähnlich den Ideen Platons, für andere - das ist heute die vorherrschende Meinung - werden sie erst durch die Beziehung zu den Menschen begründet, dadurch dass er Werte setzt und anerkennt. Ein weiterer Diskussionspunkt ist, ob die Werte zeitlose, allgemeine und absolute Gültigkeit haben oder ob sie geschichtlich, kulturell, religiös, gesellschaftlich bedingt sind. Auch mit Rangstufen (übergeordnete Werte, Grundwerte) und qualitativen Verschiedenheiten der Werte (z. B. materielle, geistige, religiöse, ästhetische, sittliche) beschäftigt man sich bei der Einteilung der Werte. Im ethischen Sinn kann man Werte definieren als eine allgemein anerkannte, verinnerlichte Vorstellung von etwas Gutem, das man erstreben und schätzen soll. Sie sind grundlegende Maßstäbe zur Orientierung für menschliches Handeln und vermitteln dem Suchenden eine Verhaltenssicherheit.

In diesem Lektüreheft ist der Versuch unternommen worden, einige solche Werte der griechisch-römischen Antike, die weiten Kreisen der damaligen Gesellschaft als Grundlage für ihr Handeln dienten, von ihrem Ursprung her über ihre Ausbreitung über ganz Europa, zusammen mit dem Christentum, bis zu ihrem heutigen Fortwirken aufzuzeigen, auch als Beweis für die noch bestehende Werteeinheit Europas. Nicht zuletzt haben gerade solche Werte zur Bedeutung Europas in der Welt beigetragen.
Daher sind die weiterführenden Texte, einschließlich der in den Lehrerkommentar aufgenommenen, die bis zur Gegenwart reichen und Autoren fast aller Völker Europas entnommen sind, zum vollen Verständnis der Wirkungsgeschichte ebenso wichtig wie die zur unterrichtlichen Behandlung im Lateinunterricht aufbereiteten lateinischen Texte.
Dieses Lektüreangebot lässt sich entweder als Interimslektüre bei den während des Schuljahres sich bietenden Gelegenheiten oder als Ergänzung und Vertiefung eines philosophischen Lektüreprojektes der Oberstufe verwenden.

Hans Leretz

„Woher?" „Wohin?" - Der Mensch im Kreuzverkehr von Normen und Regeln

AUFGABEN ZUM BILD

Welchen Zeitepochen ordnen Sie die einzelnen Personen zu?
Welche jeweilige Wertvorstellung repräsentieren sie?

ratio

In homine optimum quid est? Ratio
(Seneca)

Friedensreich Hundertwasser, Der Abendländer, 1978, mehrfarbige Radierung und Aquatinta. Der Abendländer, der von Christentum und römischer Antike geprägte Mensch, ist hier von den riesigen Häuserfluchten und Fensterwänden überwältigt; der Mensch selbst wird zur Architektur, die Architektur wird vermenschlicht. Die Vielfalt wird stärker, leuchtender als die Einöde des Gleichmaßes.

Einführung

Gerade von Jugendlichen wird heute viel über die Frage nach dem Sinn des Lebens diskutiert, deren Beantwortung notwendigerweise die Frage nach dem Wesen des Menschen voraussetzt. Darüber ist schon in der griechisch-römischen Antike viel nachgedacht und geschrieben worden: Das Wesensmerkmal des Menschen ist die Vernunft, die ihn zur Person macht und ihm Würde verleiht. Vor allem die philosophische Lehre der Stoa war es, die zur Verbreitung und Weitergabe des heute noch in Europa vorherrschenden Menschenbildes beigetragen hat, dass der Mensch wesentlich vom Geist her bestimmt ist.

TEXTE

1. Cicero: Homo rationis est particeps

Marcus Tullius Cicero (106 - 43 v. Chr.), der bekannte römische Redner, Politiker und Philosoph, versucht in seiner Schrift *'De officiis'* eine Darstellung der praktischen Ethik. Er wollte damit dem Werk, das der griechische Philosoph Panaitios über dasselbe Thema geschrieben hatte, etwas Entsprechendes in lateinischer Sprache gegenüberstellen und es seinem damals in Athen studierenden Sohn als Wegweiser in der Lebenspraxis mitgeben. In ihm offenbart Cicero die Grundprinzipien seines Menschenbildes, das dem der stoischen Philosophie von der Geistnatur des Menschen entspricht.

Principio generi animantium omni est a natura tributum, ut se, 11 vitam corpusque tueatur, declinet ea, quae nocitura videantur, omniaque, quae sint ad vivendum necessaria, anquirat et paret, ut pastum, ut latibula, ut alia generis eiusdem. Commune autem animantium omnium est coniunctionis adpetitus procreandi causa et cura quaedam eorum, quae procreata sint.

---

principio = *primum* — **declinare:** abbiegen, ausweichen, vermeiden — **an-quirere:** aufsuchen, suchen — **pastus,-us** m.: Nahrung — **latibulum:** Schlupfwinkel, sicherer Aufenthalt 5 **coniunctio, onis:** Vereinigung, Ehe — **adpetitus, -us** m.: Trieb — **procreare:** hervorbringen, sich fortpflanzen, zeugen

Sed inter hominem et beluam hoc maxime interest, quod haec tan-
tum, quantum sensu movetur, ad id solum, quod adest quodque
praesens est, se accommodat paulum admodum sentiens praeteri-
tum aut futurum. Homo autem, quod rationis est particeps, per
quam consequentia cernit, causas rerum videt earumque praegressus
et quasi antecessiones non ignorat, similitudines comparat rebusque
praesentibus adiungit atque adnectit futuras, facile totius vitae cur-
sum videt ad eamque degendam praeparat res necessarias.
Eademque natura vi rationis hominem conciliat homini et ad ora- 12
tionis et ad vitae societatem ingeneratque in primis praecipuum
quendam amorem in eos, qui procreati sunt, impellitque, ut homi-
num coëtus et celebrationes et esse et a se obiri velit ob easque cau-
sas studeat parare ea, quae suppeditent ad cultum et ad victum, nec
sibi soli, sed coniugi, liberis ceterisque, quos caros habeat tuerique
debeat; quae cura exsuscitat etiam animos et maiores ad rem geren-
dam facit. In primisque hominis est propria veri inquisitio atque 13
investigatio. Itaque cum sumus necessariis negotiis curisque vacui,
tum avemus aliquid videre, audire, addiscere cognitionemque
rerum aut occultarum aut admirabilium ad beate vivendum neces-
sariam ducimus. Ex quo intellegitur, quod verum, simplex sincer-
umque sit, id esse naturae hominis aptissimum. Huic veri videndi
cupiditati adiuncta est adpetitio quaedam principatus, ut nemini
parere animus bene informatus a natura velit nisi praecipienti aut
docenti aut utilitatis causa iuste et legitime imperanti; ex quo
magnitudo animi existit humanarumque rerum contemptio.

---

belua: Tier - Ⓚ: *hoc...interest, quod* = fakt. *quod* — **accomodare:** anpassen, nach etwas richten — **sentire:** empfinden, wahrnehmen 10 **praegressus, -us,** m.: Entwicklung(sstufen) — **antecessio, -onis:** Vorbedingung, (stoisch): Wirkursachen — **similitudo, -inis:** Ähnlichkeit, Gleichartigkeit, Analoges — **adnectere:** verknüpfen, verbinden — **degere** *(vitam)*: leben 15 **conciliare:** verbinden — **(orationis et vitae) societas:** Gemeinschaft (der Sprache und des Lebens) — **ingenerare:** einpflanzen — **praecipuus, a, um:** besonders, außerordentlich — **coëtus, -us,** m.: Vereinigung — **celebratio, -onis:** zahlreicher Besuch, Zusammenkunft — **obire:** besuchen — **suppeditare:** unterstützen, beitragen — **cultus, -us** m.: feine Lebensweise, Bildung — **victus, -us** m.: Unterhalt 20 **exsuscitare:** erwecken, anregen — **inquisitio, -onis:** das Aufsuchen, Suchen — **investigatio, -onis:** Erforschung — **avēre:** verlangen, begehren 25 **sincerus, a, um:** rein, lauter, aufrichtig, unverfälscht — **adpetitus, -us** m. (principatus): Streben (nach Vorrang) — **bene informatus:** gut angelegt, gebildet 30 **legitimus, a, um:** rechtmäßig — **magnitudo animi:** Hochherzigkeit (Panaitios setzt an die Stelle der Kardinaltugend der Tapferkeit die *magnitudo animi*) — **contemptio, -onis:** Verachtung

Nec vero illa parva vis naturae est rationisque, quod unum hoc ani- 14
mal sentit, quid sit ordo, quid sit, quod deceat, in factis dictisque qui modus. Itaque eorum ipsorum, quae aspectu sentiuntur, nullum aliud animal pulchritudinem, venustatem, convenientiam partium sentit; quam similitudinem natura ratioque ab oculis ad animum transferens multo etiam magis pulchritudinem, constantiam, ordinem in consiliis factisque conservandam putat cavetque, ne quid indecore effeminateve faciat, tum in omnibus et opinionibus et factis ne quid libidinose aut faciat aut cogitet.

(De off. 1, 11 - 14)

---

vis: Bedeutung, Wirkung — **natura et ratio:** Natur und Logos, vernünftige Naturanlage — Ⓚ: ordne: *pulchritudinem ... eorum ipsorum ..., quae ... sentiuntur, nullum aliud animal ... sentit* — **aspectus, -us** m.: Blick, Gesicht, Gesichtssinn 35 **venustas, -atis:** Anmut — **convenientia:** Übereinstimmung, Harmonie — Ⓚ ordne: *natura ratioque ... putat ... pulchritudinem ... conservandam (esse)* — **constantia:** vgl. *constans* — **cavēre:** versorgen, sicherstellen — **indecorus, a, um:** unanständig — **effeminatus, a, um:** weibisch, unmännlich 40 **libidinosus, a, um:** *(libido)*: aus Willkür, Leidenschaft

Aufgaben zur Interpretation

1. Wiederholen Sie das Wortfeld im Sinnbezirk des Geistig-Seelischen (F. Maier, Die Version aus dem Lateinischen, S. 170 - 173)! Welche Unterschiede können Sie zwischen ‘ratio’ und den anderen Ausdrücken dieses Wortfeldes feststellen?
2. Was ist allen Lebewesen gemeinsam?
3. Welche charaktertischen Merkmale erkennt Cicero in § 11 - 13 (Mitte) der Natur des Menschen zu, die ihn wesentlich vom Tier unterscheiden?
4. Welche Textstellen lassen sich den Kardinaltugenden der Gerechtigkeit, Weisheit und Mäßigung zuordnen?
5. Fassen Sie zusammen, auf welche Bereiche des Menschen sich das vernunftgesteuerte Handeln und Verhalten erstreckt!

2. Seneca: Quid est in homine proprium? Ratio

Lucius Annaeus Seneca (4 v. Chr. - 65 n. Chr.), römischer Staatsmann und Philosoph, der die Lehre der Stoa vertrat, behandelt in seinen philosophischen Schriften Fragen der praktischen Ethik. Mit seinen *'Epistulae morales'* will er seinem jüngeren Freund Lucilius als Ratgeber auf dem Weg zu einem sittlich guten Leben helfen. In dem folgenden Brief fragt er nach dem Wesen des Menschen und sein ihm eigentümliches Gut.

Omnia suo bono constant. Vitem fertilitas commendat et sapor 8
vini, velocitas cervum: quam fortia dorso iumenta sint quaeris,
quorum hic unus est usus, sarcinam ferre. In cane sagacitas prima
est, si investigare debet feras, cursus, si consequi, audacia, si morde-
re et invadere: id in quoque optimum esse debet, cui nascitur, quo
censetur. In homine optimum quid est? Ratio: hac antecedit ani- 9
malia, deos sequitur. Ratio ergo perfecta proprium bonum est,
cetera illi cum animalibus satisque communia sunt. Valet: et leones.
Formosus est: et pavones. Velox est: et equi. Non dico, in his omni-
bus vincitur: non quaero, quid in se maximum habeat, sed quid
suum. Corpus habet: et arbores. Habet impetum ac motum volun-
tarium: et bestiae et vermes. Habet vocem: sed quanto clariorem
canes, acutiorem aquilae, graviorem tauri, dulciorem mobiliorem-
que luscinii?

---

suum bonum: das ihm eigentümliche Gut — **vitis, -is** f.: die Weinrebe — **fertilitas, -atis:** Ertragfähigkeit, Fruchtbarkeit — **commendare:** empfehlen — **sapor, -oris:** Geschmack — **velocitas, -atis:** Geschwindigkeit, Schnelligkeit — **cervus:** Hirsch — **dorsum:** Rücken — **iumentum:** Zugvieh — **sarcina:** Last — **sagacitas, -atis:** scharfe Witterung — **investigare:** aufspüren — **mordēre:** beißen 5 **invadere:** angreifen, anfallen — Ⓚ: ergänze zu *consequi, mordere* u. *invadere: debet* — **censēre:** bewerten — **antecedere:** übertreffen — **ratio perfecta:** die Vollendung des Logos, nach der Lehre der Stoa das Zentralorgan der Seele in seiner vollkommenen Beschaffenheit — **satisque:** von: *serere, serui, satum* (subst. Partiz.) — **formosus, a, um:** formvollendet, schön, wohlgestaltet — **pavo, -onis:** Pfau — **velox, -ocis:** schnell 10 **impetus et motus voluntarius:** innerer Trieb und willkürliche Bewegung — **bestia:** Tier — **vermis, -is** m.: Wurm — **canis, -is:** Hund — **acutus, a, um:** scharf — **aquila:** Adler — **gravis, e:** kräftig — **taurus:** Stier — **mobilis, e:** beweglich, melodisch — **luscinius** oder **luscinia:** Nachtigall

Quid est in homine proprium? Ratio: haec recta et consummata 10 felicitatem hominis implevit. Ergo si omnis res, cum bonum suum perfecit, laudabilis est et ad finem naturae suae pervenit, homini autem suum bonum ratio est: si hanc perfecit, laudabilis est et finem naturae suae tetigit.

(Ep. 76, 8 - 10)

---

15 **consummare:** zusammenrechnen, zur höchsten Vollendung bringen — **implēre:** erfüllen, vollenden — **laudabilis, e:** lobenswert — **finis, -is** m.: Ziel, Bestimmung

Rembrandt van Rijn (1606 - 1669), niederländischer Maler, Das faustische Suchen nach Erkenntnis, 1653. Das Suchen nach Erkenntnis ist dem geistbegabten Menschen eingeboren. Er strebt nach dem Licht der Wahrheit.

Frage zum Stil

Welches Stilmittel erkennen Sie in Z. 1/2 und Z. 7/8?

Aufgaben zur Interpretation

1. Was versteht Seneca im Allgemeinen unter *bonum suum,* das jedes Lebewesen von Natur aus besitzt?
2. Worin besteht das *bonum* des Menschen?
3. In welcher Schlussfolgerungsreihe kommt Seneca zur natürlichen Bestimmung des Menschen (§ 10)?
4. Worin besteht zusammenfassend das Wesen und die Bestimmung des Menschen in der Welt?
5. Welcher deutsche Dichter kommt der Darstellung des Dr. Faust als eines rastlosen Suchers nach Erkenntnis am nächsten? Welche andere Legenden woben sich noch um seine Gestalt?

Ergänzende Texte

3. Sophokles: Der geistbegabte Mensch

Sophokles (493 - 406 v. Chr.) aus Athen ist neben dem älteren Aischylos und dem jüngeren Euripides der bekannteste Tragödiendichter der Griechen; er hat uns sieben Tragödien hinterlassen, unter ihnen 'Antigone', der die folgende Textstelle entnommen ist. Antigone, die Heldin dieses Stückes, tritt als Sachwalterin der ewigen Gesetze der Götter auf, die vorschreiben einen Toten zu begraben, und trotzt den vom Herrscher Kreon erlassenen Gesetzen des Staates. Der Chor, der an dieser Stelle das hohe Lied von der Größe, aber auch den Grenzen des Menschengeschlechtes aufzeigt, ist ein fester Bestandteil der antiken Tragödien; durch sein Auftreten und seine Worte verbindet er die einzelnen Teile zu einer Einheit und interpretiert inhaltlich das Geschehen auf der Bühne.

CHOR: Viel Ungeheures ist, doch nichts
So Ungeheures wie der Mensch.
Der fährt auch über das graue Meer
Im Sturm des winterlichen Süd
Und dringt unter stürzenden Wogen durch.
Und der Götter Heiligste, die Erde,
Die unerschöpfliche, unermüdliche,

Plagt er ab,
Mit wendenden Pflügen Jahr um Jahr
Sie umbrechend mit dem Rossegeschlecht.

Und der leicht-sinnigen Vögel Schar
Holt er mit seinem Garn herein
Und der wilden Tiere Völker und
Die Brut des Meeres in der See
Mit netzgesponnenen Schlingen:
Der alles bedenkende Mann. Er bezwingt
Mit Künsten das draußen hausende Wild,
Das auf Bergen schweift,
Und schirrt das raunackige Pferd
An dem Hals unters Joch
Und den unermüdlichen Bergstier.

Auch die Sprache und den windschnellen
Gedanken und Städte ordnenden Sinn
Bracht er sich bei, und unwirtlicher Fröste
Himmelsklarheit zu meiden und bösen Regens
Geschosse, allerfahren. Unerfahren
Geht er in nichts dem Kommenden entgegen.
Vor dem Tod allein
Wird er sich kein Entrinnen schaffen.
Aus Seuchen aber, unbewältigbaren,
Hat er sich Auswege ausgesonnen.

In dem Erfinderischen der Kunst
Eine nie erhoffte Gewalt besitzend,
Schreitet er bald zum Bösen, bald zum Guten.
Achtet er die Gesetze des Lands
Und das bei den Göttern beschworene Recht:
Hoch in der Stadt! Verlustig der Stadt,
Wem das Ungute sich gesellt
Wegen seines Wagemuts! -
Sitze mir nicht am Herd
Noch habe Teil mit mir am Rat, wer so tut!

(Antigone 331 - 375, übersetzt von Wolfgang Schadewaldt)

Antigone mit zwei Wächtern vor Kreon, lukanischer Krater, etwa 380 / 370 v. Chr., London, British Museum

AUFGABEN ZUR INTERPRETATION

1. Wie wird der Mensch Herr über belebte und unbelebte Natur (V. 1 - 21)?
2. Welche Errungenschaften schuf er durch sein Reden und Denken?
3. Wo hat der menschliche Geist seine Grenzen? Wohin kann der Mensch abgleiten? Wozu kann er seine Begabung missbrauchen?
4. Unter welcher Bedingung kann sich die gewaltige Geisteskraft des Menschen positiv entfalten?

4. G. Pico della Mirandola: Magnum miraculum est homo

Giovanni Pico della Mirandola (1463 - 1494), einem Ort in der Nähe von Modena, widmete sich schon frühzeitig den Studien der Philosophie und der studia humanitatis (Grammatik, Rhetorik, Dichtkunst, Geschichte, Moralphilosophie). Pico bestach nicht nur durch seine äußere Erscheinung; seine Zeitgenossen priesen ihn als einen Jüngling von schärfstem Geist, ausnehmend gutem Gedächtnis und bewunderten seine Unermüdlichkeit in den Studien. Sein bedeutendstes und bekanntestes Werk ist die Abhandlung *De hominis dignitate.* Der Historiker Jakob Burckhardt (1818 - 1897) hat sie eines der edelsten Vermächtnisse der Renaissance genannt. Pico will in dieser Schrift die damals heiß diskutierte Frage nach dem Wesen des Menschen und seine Stellung in der Welt beantworten.

Legi, Patres colendissimi, in Arabum monumentis interrogatum Abdalam Sarracenum, quid in hac quasi mundana scaena admirandum maxime spectaretur, nihil spectari homine admirabilius respondisse. Cui sententiae illud Mercurii adstipulatur: Magnum, o Asclepi, miraculum est homo. Horum dictorum rationem cogitanti mihi non satis illa faciebant, quae multa de humanae naturae praestantia afferuntur a multis: esse hominem creaturarum internuntium, superis familiarem, regem inferiorum sensuum perspicacia, rationis indagine, intelligentiae lumine, naturae interpretem stabilis aevi et fluxi temporis interstitium et (quod Persae dicunt) mundi copulam.

Statuit tandem optimus opifex, ut, cui dare nihil proprium poterat, commune esset, quicquid privatum singulis fuerat. Igitur hominem accepit indiscretae opus imaginis atque in mundi positum meditullio sic est allocutus: „Nec certam sedem nec propriam faciem nec munus ullum peculiare tibi dedimus, o Adam, ut quam sedem, quam faciem, quae munera tute optaveris, ea pro voto, pro tua sententia habeas et possideas. Definita ceteris natura intra praescriptas a nobis leges coercetur.

---

colendus, a, um: ehrenwert — **monumenta, orum:** Werke — **interrogare:** fragen, befragen — **Sarracenus:** Sarazene — **scaena:** Bühne - **mundanus, a, um:** Welt *(scana mundana)* — **adstipulari:** beistimmen 5 Pico hat die Aussage *magnum miraculum est homo* einer 'Asklepius' betitelten Abhandlung entnommen, die zur sogenannten hermetischen Literatur gehört. Diese befasste sich in Brief-, Dialog- und Predigtform mit einer spätantiken / ägyptischen religiösen Offenbarungs- und Geheimlehre. Als ihr Verkünder und Verfasser wurde Hermes (= Merkur) Trismegistos angesehen, ein griechischer Name für den ägyptischen Gott Thot. Durch Vermittlung der Araber wurde diese hermetische Literatur auch für das Mittelalter und den europäischen Humanismus bedeutend. — **rationem:** (hier) Sinn — **satis faciebant** = *satisfacere* — **praestantia:** Vortrefflichkeit — **creatura:** Geschöpf — **internuntius:** Vermittler — **inferior, -oris:** niedriger, geringer — **perspicacia:** Schärfe — **indago, -inis:** (hier) Forschungskraft — **intelligentia:** Verstand — **lumen, -inis:** Licht — **interpres, -etis:** Dolmetscher, Ausleger — **stabilis, e :** fest, dauernd 10 **aevum:** Ewigkeit — **fluxus, a, um:** fließend — **interstitium:** Zwischenraum — **copula:** Bindeglied — **opifex, -icis:** Werkmeister, Schöpfer — Ⓚ konstruiere: *ut (ei), cui ... poterat, commune esset* — **accipere, -io:** annehmen, billigen, gutheißen, sich zufrieden geben — **indiscretus, a, um:** ununterscheidbar, unbestimmt — Ⓚ *opus indiscretae imaginis:* Gen. qualitatis — **meditullium:** Binnenland, Mitte 15 **alloqui:** anreden — **facies, -iei:** Gestalt, Äußeres — **peculiaris, e:** eigentümlich — Ⓚ ordne: *ut ea, quam sedem ... optaveris, habeas* — ea = Zusammenfassung der Objekte des vorhergehenden Relativsatzes — **tute:** verstärktes *tu* — **pro:** (hier) nach, gemäß, entsprechend — **votum:** Wunsch — **definire:** festsetzen — **praescribere:** vorschreiben, verordnen — **coërcere:** einschränken, beschränken

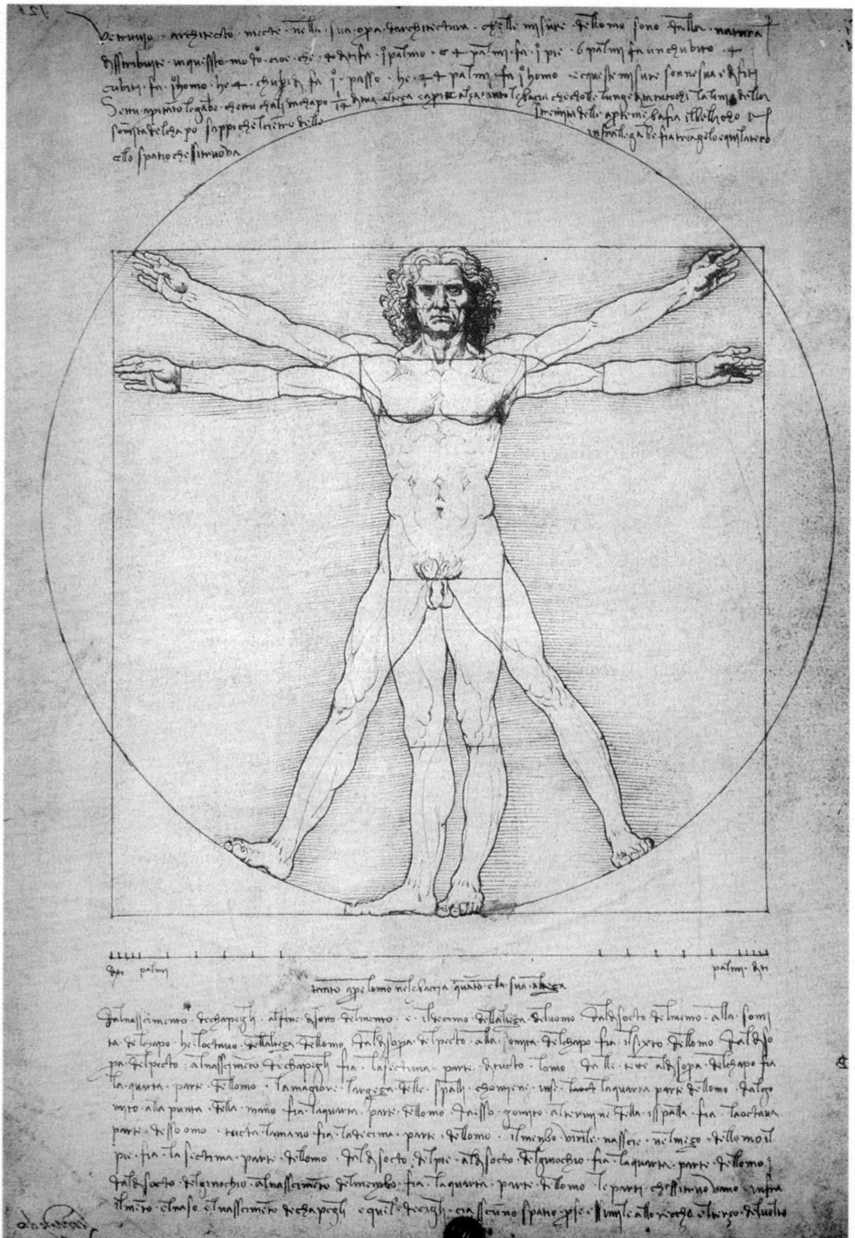

Leonardo da Vinci (1452 - 1519), Ideale Proportion der menschlichen Figur, 1485 - 1490, Federzeichnung, Venedig, Galleria dell'Accademia. Die Renaissance brachte auch eine Erneuerung des Proportionswesens in Architektur, Malerei und Skulptur. Leonardo wollte mit dieser Zeichnung die harmonische Proportion des Menschen darstellen und das neue Bewusstsein des Menschen seiner Zeit zum Ausdruck bringen.

Tu nullis angustiis coërcitus pro tuo arbitrio, in cuius manu te posui, tibi illam praefinies. Medium te mundi posui, ut circumspiceres inde commodius quicquid est in mundo. Nec te caelestem neque terrenum neque mortalem neque immortalem fecimus, ut tui ipsius quasi arbitrarius honorariusque plastes et fictor, in quam malueris, tute formam effingas. Poteris in inferiora, quae sunt bruta, degenerare; poteris in superiora, quae sunt divina, ex tui animi sententia regenerari."

O summam Dei patris liberalitatem, summam et admirandam hominis felicitatem! Cui datum id habere, quod optat, id esse, quod velit. „Bruta, simulatque nascuntur, id secum afferunt“, ut ait Lucilius, „e bulga matris, quod possessura sunt. Supremi spiritus aut ab initio aut paulo mox id fuerunt, quod sunt futuri in perpetuas aeternitates. Nascenti homini omnifaria semina et omnigenae vitae germina indidit Pater".

(De hominis dignitate 2, 4)

---

20 **angustiae, -arum:** Enge — **arbitrium:** freies Ermessen, Entscheidung — **praefinire** *(illam naturam):* vorherbestimmen — **circumspicere, (-io):** sich umblicken, umschauen — **caelestis, e:** göttlich — **terrenus, a, um:** irdisch — **arbitrarius, a, um:** frei entscheidend — **honorarius, a, um:** ehrenhalber — **plastes, ae:** Bildner — **fictor,-oris:** Bildhauer, Bildner 25 **effingere:** abbilden, darstellen — Ⓚ ordne: *in (eam) formam, quam ... malueris, effingas* — **brutus, a, um:** unvernünftig, Tier — **degenerare:** entarten — **regenerare:** wieder erzeugen — **liberalitas, -atis:** Güte, Freigebigkeit — **felicitas, -atis:** Glück 30 **supremus, a, um:** Oberster, Höchster — **spiritus, uum** (pl.): Geister — **Lucilius:** röm. Satiriker (ca. 180 - 102 v. Chr.) — **bulga:** Beutel, Mutterleib — **omnifarius, a, um:** vielerlei, von jeder Art — **omnigenus, a, um:** allerlei — **germen, inis:** Keim — **indere:** hineintun, anlegen

Aufgaben zur Interpretation

1. Welche mit einer bestimmten Präposition zusammengesetzten Substantive heben die Mittelstellung des Menschen/ Rolle des Menschen als Bindeglied in der Welt hervor (Zeile 7 – 10)?
2. Worin besteht nach Pico der Vorzug des Menschen?
3. Auf welche Eigenschaft der Tiere weist der Ausdruck *'definita ceteris natura intra ... leges coërcetur'* hin?
4. Zu welchen negativen Folgen kann die dem Menschen gegebene Fähigkeit zur Selbstgestaltung auch führen?
5. Wozu soll der Mensch die ihm von Gott gegebene Freiheit gebrauchen?

5. Erasmus von Rotterdam: Uni homini indita vis rationis

Erasmus von Rotterdam (1469 - 1536) war der König der Humanisten, der in vielen Ländern Europas (in den Niederlanden, in Frankreich, England, Deutschland, Italien) zu Hause war. Ein zentrales Thema seiner vielen Werke war der Friede. Auch die vorliegende Schrift *'Querela pacis'* entstand auf Wunsch von Le Sauvage, dem Kanzler Karls von Burgund, und sollte der Vorbereitung des für 1517 in Cambrai geplanten Friedenskongresses dienen. Mit aufrüttelnden Worten lässt er den Frieden Argumente gegen den Krieg vorbringen, der letztlich aus der inneren Zerrissenheit der Menschen entsteht. Nirgends gibt es Frieden, auch nicht in der Seele des Einzelnen. Um aus dieser Situation herauszukommen, beschwört der Friede die Menschen, auf die Stimme der Vernunft zu hören.

Figura communis omnium, vos eadem et, cum caetera animantium genera corporum formis potissimum inter se differant, uni homini indita vis rationis, quae ita sit illis inter ipsos communis, ut cum nullo sit reliquorum animantium communis. Uni huic animanti sermo datus, praecipuus necessitudinum conciliator: Insita sunt communiter disciplinarum ac virtutum semina, ingenium mite placidumque et ad mutuam benevolentiam propensum, ut per se iuvet amari et iucundum sit de aliis vel gratis bene mereri, nisi quis pravis cupiditatibus seu Circes pharmacis corruptus ex homine degenerarit in belluam. Hinc est videlicet, quod vulgus, quidquid ad mutuam benevolentiam pertinet, humanum appellat, ut humanitatis vocabulum non iam naturam nobis declaret, sed mores hominis natura dignos.

---

figura: Gestalt, Aussehen — **caetera** = *cetera* — **animans, -ntis:** Geschöpf, Lebewesen — **indere:** hineintun, -geben, anlegen 5 **praecipuus, a, um:** besonders, vorzüglich — **necessitudo:** enge Verbindung — **conciliator, -oris:** Vermittler — **inserere, -sevi, -situm:** einsäen, einpflanzen — **disciplina:** Unterweisung, Bildung, Wissen — **semen, -inis:** Same — **ingenium:** Naturanlage, Charakter — **mitis, e:** mild, sanft — **placidus, a, um:** ruhig, sanft, friedlich — **mutuus, a, um:** gegenseitig — **benevolentia:** Wohlwollen — **propensus, a, um:** geneigt — **gratis:** umsonst, ohne Bezahlung — **pravus, a, um:** schlecht — **Circe, Circes:** Zauberin C. — **pharmacum:** Arznei, Gift, Zaubertrank — **degenerare:** entarten 10 **bel(l)ua:** Tier, Untier — Ⓚ *hinc est, quod* ...: daher kommt es, dass — **mores:** sittliches Verhalten

Caeteris animantibus sua tribuit arma praesidiaque, quibus sese tuerentur, unum hominem produxit inermem atque imbecillum nec prorsus aliter tutum quam foedere mutuaque necessitudine. Civitates reperit necessitas et ipsarum inter se societatem docuit necessitas, quo ferarum ac praedonum vim iunctis viribus propellerent. Adeo nihil est in rebus humanis, quod ipsum sibi sufficiat. In ipsis statim vitae primordiis perisset hominum genus, nisi conditum propagasset coniugalis concordia: nec enim nasceretur homo et mox natus interiret atque in ipso vitae limine vitam amitteret, nisi obstetricum amica manus, nisi nutricum pietas succurerret infantulo. Atque in hunc usum vehementissimos illos pietatis igniculos insevit, ut parentes etiam illud ament, quod nondum viderunt. Adiecit mutuam liberorum erga parentes pietatem, ut illorum imbecillitas horum praesidiis vicissim sublevaretur fieretque illa cunctis quidem ex aequo plausibilis, sed Graecis aptissime dicta ἀντιπελάργωσις.

(Querela pacis B - E)

Ⓚ *tribuit:* Subj. dazu: *natura* — **praesidia, -orum,** n.: Hilfsmittel 15 **producere:** erzeugen — **inermis, e:** wehrlos — **imbecillus, a, um:** schwach — **prorsus** adv.: geradezu, durchaus — **necessitudo:** Freundschaft — **necessitas, -atis:** Notwendigkeit, Notlage — **societas, -atis:** Gemeinschaft — **fera:** wildes Tier — **praedo, -onis:** Räuber — **propellere:** vertreiben, abwehren — **adeo nihil (non):** so wenig — **sufficere:** genügen, zu Gebote stehen 20 **primordium:** erster Anfang, Ursprung — **propagare:** fortpflanzen — **coniugalis, e:** ehelich — **limen, -inis,** n.: Schwelle — **obstetrix, -icis:** Hebamme — **nutrix, -icis:** Amme — **succurrere:** zu Hilfe eilen, beistehen — **infantulus:** vgl. *infans:* Kind — **igniculus:** Funke 25 **adicere, -io:** hinzufügen — **imbecillitas, -atis:** Schwäche — **vicissim:** wechselseitig — **sublevare:** erleichtern — **ex aequo:** gleichmäßig, in gleicher Weise — **plausibilis, e:** beifallswürdig — ἀντιπελάργωσις: Storchenliebe, wechselseitige Bindung

Frage zur Sprache

Erklären Sie die Konjunktive in Z. 14 f.: *quibus se tuerentur* und in Z. 18/19: *quo ... propellerent!*

Aufgaben zur Interpretation

1. Inwiefern ist der Mensch von der Natur schwächer ausgestattet als die übrigen Lebewesen? Womit kann der Mensch diese Mängel ausgleichen?
2. Welche kulturelle Einrichtung hat der Mensch aus dieser seiner Unvollkommenheit und Not heraus geschaffen?
3. Welche Eigenschaft des menschlichen Wesens will Erasmus besonders hervorheben? Nennen Sie die diesbezüglichen Substantive und Adjektive!
4. Vergleichen Sie diesen Text mit Text 1 (Cicero, Homo rationis est particeps) und suchen Sie nach inhaltlichen und sprachlichen Gemeinsamkeiten!

6. M. Scheler: Der Geist macht den Menschen zum Menschen

Max Scheler, geboren 1874 in München, war Professor für Philosophie in Köln und Frankfurt, wo er auch 1928 starb. In seinem Werk 'Die Stellung des Menschen im Kosmos' versucht er, Geist und Trieb miteinander zu versöhnen. Der Mensch ist eine Ganzheit von Trieb und Geist. Das Wesentliche aber ist der Geist, durch den sich der Mensch vom Tier unterscheidet. Seine besondere Bedeutung im Kosmos besteht darin, dass bei der fortschreitenden Vergeistigung der Welt auch der Trieb einmal ganz vergeistigt sein wird und der Mensch somit eine Mittelstellung zwischen der Welt und Gott einnehmen wird.

Ich behaupte: Das Wesen des Menschen und das, was man seine Sonderstellung nennen kann, steht hoch über dem, was man Intelligenz und Wahlfähigkeit nennt, und würde auch nicht erreicht, wenn man sich diese Intelligenz und Wahlfähigkeit quantitativ beliebig, ja bis ins Endlose gesteigert vorstellte. Aber auch das wäre verfehlt, wenn man sich das Neue, das den Menschen zum Menschen macht, nur dächte als eine zu den bisherigen psychischen Stufen, Gefühlsdrang, Instinkt, assoziatives Gedächtnis, Intelligenz und Wahl, noch hinzukommende neue Wesensstufe psychischer und der Vitalsphäre angehöriger Funktionen und Fähigkeiten, die zu erkennen also noch in der Kompetenz der Psychologie läge. Das neue Prinzip, das den Menschen zum Menschen macht, steht außerhalb alles dessen, was wir Leben, von innen-psychisch oder von außen-vital, im weitesten Sinne nennen können. Das, was den Menschen zum Menschen macht, ist ein allem Leben überhaupt entgegengesetztes Prinzip, das man als solches überhaupt nicht auf die „natürliche Lebensevolution" zurückführen kann, sondern das, wenn auf etwas, nur auf den obersten Grund der Dinge selbst zurückfällt - auf denselben Grund also, dessen Teil-Manifestation auch das „Leben" ist. Schon die Griechen behaupteten ein solches Prinzip und nannten es „Vernunft". Wir wollen lieber ein umfassenderes Wort für jenes X gebrauchen, ein Wort, das wohl den Begriff der Vernunft mitumfasst, aber neben dem Ideendenken auch eine bestimmte Art der Anschauung, die Anschauung von Urphänomenen oder Wesensgehalten, ferner eine bestimmte Klasse noch zu charakterisierender emotionaler und volitiver Akte, z. B. Güte, Liebe, Reue, Ehrfurcht usw., mitumfasst: - das Wort Geist. Das Aktzentrum aber, in dem Geist innerhalb endlicher Seinssphären erscheint, wollen wir als Person bezeichnen, in scharfem Unterschied zu allen funktionellen „Lebens"-zentren, die nach innen hin betrachtet auch „seelische" Zentren heißen.

(Die Stellung des Menschen im Kosmos, S. 45 - 47)

AUFGABEN ZUR INTERPRETATION

1. Warum nennt Scheler die Person ein Aktzentrum?
2. Worin sieht er das Wesensmerkmal dieses Begriffes?

7. P. Wust: Der Mensch – eine Brücke zwischen 'Tierheit' und reiner Geistigkeit

Peter Wust (1884 - 1940) studierte Neuphilologie und Philosophie, war zuerst Gymnasiallehrer, dann Professor für Philosophie in Münster. Er ist ein Vertreter der christlichen Existenzphilosophie in Deutschland. Als solcher sucht er nach einer Sinndeutung des menschlichen Daseins. Er sieht den Menschen als Doppelwesen: weder ganz Tier noch reiner Geist. Die naturgegebene Unbestimmtheit und Ungesichertheit des Menschen im Vergleich zum Tier gibt dem Menschen die Möglichkeit, sich selbst frei zu bestimmen. Die Ungeborgenheit führt aber nicht wie bei Sartre ins Nichts.

Die menschliche Daseinssituation der *insecuritas* hat sich uns enthüllt als ein ganz eigenartiger Zwischenzustand, als die Indefinitheit der menschlichen Natur mit ihrer unendlichen Bestimmbarkeit, im Gegensatz zur Wesensfixiertheit und Wesensdefinitheit des tierischen Daseins ...

Nun ist aber der Mensch als ein Wesen der *ratio* auch ein Wesen der Freiheit ... Er ist weder ein Wesen der harten und blinden Notwendigkeit noch ein Wesen der lauteren Freiheit. Er ist auch darin weder Tier noch reiner Geist. Und er ist doch auch wieder eine Brücke, die über die beiden Seinsregionen der Tierheit und der reinen Geistigkeit gespannt ist. Und dementsprechend ist er sowohl naturgebunden wie auch frei, halb gebunden und halb frei, aufgelockert in seiner Wesenheit und doch nicht völlig preisgegeben, sei es dem Zufall, sei es der reinen Willkür.

Das Tier ist gebunden durch seine Natur, die sich in ihm auswirkt als sein Instinkt. Und dieser Instinkt gibt ihm die spezifische Form seiner Naturgesichertheit. In seiner Instinktsicherheit ist das Tier geborgen im Arm der Natur. Diese blinde Naturnotwendigkeit ist zwar, an sich betrachtet, eine harte Notwendigkeit, eine *dira necessitas*. Aber für das Tier selbst ist sie eine Wohltat der Natur, seine besondere Form von Naturbehütetheit, seine glückliche *securitas* ...

Auf der Gegenseite steht der in der Prüfung bewährte leibfreie Geist als das Wesen der vollendeten Freiheit. Dieser Form seiner Freiheit entspricht die Form seiner *ratio.* Der leibfreie Geist steht in der Situation einer vollkommenen, aufgeheiterten Klarheit, im hellen Sonnenlicht des Ewigen Tages ...

Der Mensch entbehrt sowohl die volle Instinktgesichertheit des Tieres wie die absolute Liebesgesichertheit des reinen Geistes. Er ist nur noch halb gebunden durch den Naturinstinkt und er ist auf der anderen Seite nur lose gefesselt durch die heilige Fessel des Sittengesetzes in seiner Brust, durch das heilige Band seiner Moralität, die ihn zwar behelligt, bedrängt, beunruhigt, stimuliert, sollizitiert nach der Richtung des Ideals, die ihn aber nicht nötigt, nicht nezessitiert. So ist er zwar von beiden Seiten her gebunden, aber doch auch wieder von keiner Seite her ganz streng gebunden. Auch hier also wird wieder seine eigenartige Indefinitheit sichtbar, die Natur seiner unendlichen Bestimmtnarkeit, seine merkwürdige Zwischenstellung zwischen Notwendigkeit und Freiheit, zwischen *dira necessitas* und beata *necessitas.* Von beiden Seiten her ist der Mensch gleichsam hineingehalten in eine Art leeren Raum ...

Und dieser leere Raum ist der schicksalhafte metaphysische Spielraum für seine eigentliche Aufgabe und Bestimmung. Es ist der Insecuritasraum für seine freie Selbstbestimmung, für seine Wahl und Entscheidung, für sein Wagnis in der großen Alternative zwischen harter Notwendigkeit und seliger Freiheit, zwischen möglicher Vertierung und ihm aufgegebener Vergeistigung. Aber die Wahl in dieser Alternative ist dann auch die Wahl zwischen unseliger absoluter Nacht und seliger absoluter Klarheit für seine *ratio,* die hier erst erkennt im Zwielicht der Dämmerung, in Rätseln und in Gleichnissen und „wie im Spiegel". Dieser leere Raum der *insecuritas humana* ist der Raum für die Prüfung des Menschen auf seine endgültige eigene Entscheidungsbereitschaft zwischen den beiden einzig möglichen Antworten des metaphysischen Ja und des metaphysischen Nein. In diesem Raum steht der Mensch vor der großen Alternative von Chaos und Kosmos für die innere Welt seines personalen Seins.

(Ungewissheit und Wagnis, S. 54 f.)

Aufgaben zur Interpretation

1. Worin besteht die Naturgesichertheit des Tieres?
2. Wie charakterisiert Peter Wust dagegen das Wesen des Menschen?
3. Inwiefern kann man den Menschen ein Doppelwesen nennen?
4. Wozu soll der Mensch den Spielraum nutzen?

8. Menschenwürde kraft des Geistes

Das Grundgesetz liefert die Richtschnur für das politische und gesellschaftliche Leben in der Bundesrepublik Deutschland. Es klärt die Rechte der Bürger, beschreibt die Aufgaben des Staates und bestimmt die Befugnisse von Parlament und Regierung. Unser Grundgesetz ist im Jahre 1948 ausgearbeitet und am 23.5.1949 in Kraft gesetzt worden. Die ersten Artikel zählen die Freiheits- und Menschenrechte auf, die jedem Bürger zustehen und die sich im Laufe der europäischen Geschichte entwickelt haben. Auch Artikel 1 über die Würde des Menschen ist ein Ergebnis der von der Antike und dem Christentum geprägten Geistesgeschichte Europas.

Grundgesetz Artikel 1

(1) Die Würde des Menschen ist unantastbar. Sie zu achten und zu schützen ist Verpflichtung aller staatlichen Gewalt.
(2) Das Deutsche Volk bekennt sich darum zu unverletzlichen und unveräußerlichen Menschenrechten als Grundlage jeder menschlichen Gemeinschaft, des Friedens und der Gerechtigkeit in der Welt.
(3) Die nachfolgenden Grundrechte binden Gesetzgebung, vollziehende Gewalt und Rechtsprechung als unmittelbar geltendes Recht.

Die Menschenwürde

Die normative Aussage des objektiven Verfassungsrechts, dass die Würde des Menschen unantastbar ist, beinhaltet eine Wertaussage, der ihrerseits aber eine Aussage über Seinsgegebenheit zu Grunde liegt. Diese Seinsgegebenheit „Menschenwürde", die unabhängig von Zeit und Raum „ist" und rechtlich verwirklicht werden „soll", besteht in Folgendem: Jeder Mensch ist Mensch kraft seines Geistes, der ihn abhebt von der unpersönlichen Natur und ihn aus eigener Entscheidung dazu befähigt, seiner selbst bewusst zu werden, sich selbst zu bestimmen und sich und die Umwelt zu gestalten. Diese Menschenauffassung, auf die sich die Verfassungsgeber geeinigt haben, weil sie für die Rechtsanwender aller geistigen und weltanschaulichen Richtungen gedanklich vollziehbar ist, enthält in sich wiederum zwei weitere seinsmäßig voneinander nicht zu trennende Teilgegebenheiten, denen dann normativ in Art. 2 I und 3 I GG durch „Hauptgrundrechte" Rechnung getragen wird. Das ist einmal die Gegebenheit, dass jeder Mensch frei ist (sich und die Umwelt zu gestalten); zum anderen die Gegebenheit, dass jeder Mensch diese Freiheit hat, insoweit also gleich ist (vgl. Art. 1 der UN-Dekl.: „frei und gleich an Würde und Rechten").

(Theodor Maunz, Günther Dürig, Roman Herzog: Grundgesetz, Kommentar. Beck: München [6]1983, S. 11)

1. Achtung und Schutz der Menschenwürde gehören zu den Konstitutionsprinzipien des Grundgesetzes. Die freie menschliche Persönlichkeit und ihre Würde stellen den höchsten Rechtswert innerhalb der verfassungsmäßigen Ordnung dar. Der Staatsgewalt ist in allen ihren Erscheinungsformen die Verpflichtung auferlegt, die Würde des Menschen zu achten und sie zu schützen.
Dem liegt die Vorstellung vom Menschen als einem geistig-sittlichen Wesen zu Grunde, das darauf angelegt ist, in Freiheit sich selbst zu bestimmen und sich zu entfalten. Diese Freiheit versteht das Grundgesetz nicht als diejenige eines isolierten und selbstherrlichen, sondern als die eines gemeinschaftsbezogenen und gemeinschaftsgebundenen Individuums.

(Entscheidungen des Bundesverfassungsgerichts, Bd. 45, 1977, S. 227)

Die Gesellschaft für Menschenrechte (GFM) wurde 1972 in Frankfurt gegründet. Sie hilft politischen Gefangenen, leistet Rechtsbeistand, macht die Öffentlichkeit auf konkrete Fälle aufmerksam und leistet letzten Endes einen Beitrag zur Bewahrung des Rechts auf Unverletztlichkeit der Person und auf Achtung der Menschenwürde.

Allgemeine Erklärung der Menschenrechte der UN

Art. 1. Alle Menschen sind frei und gleich an Würde und Rechten geboren. Sie sind mit Vernunft und Gewissen begabt und sollen einander im Geiste der Brüderlichkeit begegnen.
Art. 2. Jeder Mensch hat Anspruch auf die in dieser Erklärung verkündeten Rechte und Freiheiten ohne irgendeine Unterscheidung, wie etwa nach Rasse, Farbe, Geschlecht, Sprache, Religion, politischer oder sonstiger Überzeugung, nationaler oder sozialer Herkunft, nach Eigentum, Geburt oder sonstigen Umständen.

Art. 3. Jeder Mensch hat das Recht auf Leben, Freiheit und Sicherheit der Person.
Art. 4. Niemand darf in Sklaverei oder Leibeigenschaft gehalten werden.
Art. 18. Jeder Mensch hat Anspruch auf Gedanken-, Gewissens- und Religionsfreiheit; dieses Recht umfasst die Freiheit, seine Religion oder seine Überzeugung zu wechseln, sowie die Freiheit seine Religion oder seine Überzeugung allein oder in Gemeinschaft mit anderen, in der Öffentlichkeit oder privat, durch Lehre, Ausübung, Gottesdienst und Vollziehung von Riten zu bekunden.
Art. 19. Jeder Mensch hat das Recht auf freie Meinungsäußerung; dieses Recht umfasst die Freiheit, Meinungen unangefochten anzuhängen und Informationen und Ideen mit allen Verständigungsmitteln ohne Rücksicht auf Grenzen zu suchen, zu empfangen und zu verbreiten.

(Informationen zur Politischen Bildung 129, S. 35)

Aufgaben zur Interpretation

1. Warum haben die Väter des Grundgesetzes die Grundrechte den anderen Artikeln vorangestellt?
2. Aus welchem Artikel ergibt sich, dass die Grundrechte mehr als deklamatorischen Charakter haben?
3. Auf welcher Wesenseigenschaft des Menschen gründet die Menschenwürde?
4. Welche ähnliche Vorstellungen vom Menschen sind Ihnen aus der Antike bekannt (z. B. aus Sallusts *Bellum Catilinae*, Einleitung)?
5. Welcher Unterschied besteht zwischen den Menschenrechten des Grundgesetzes der Bundesrepublik Deutschland und der Menschenrechtserklärung der UN hinsichtlich ihrer Verwirklichung?

Literaturhinweise

Hobert, E.: Stoische Philosophie, Tradition und Aktualität (hrsg. von Reifenrath, B.) - Frankfurt 1992
Löw, K.: Menschenwürde, Freiheit, Gleichheit (Bayerische Landeszentrale für politische Bildung, Heft 31) - München 1970
Maier, F.: Die Version aus dem Lateinischen - Bamberg 1977
Schülerduden: Die Philosophie - Mannheim, Wien, Zürich 1985
Sophokles: Antigone, übersetzt von Kuchenreuter, V. - Stuttgart 1987
Verfassung des Freistaates Bayern - Grundgesetz für die Bundesrepublik Deutschland (Bayer. Landeszentrale für politische Bildung) - München 1980
Wuchterl, K.: Lehrbuch der Philosophie (Was ist der Mensch?) - Bern [2]1986

Die Einhaltung der Menschenrechte wird von der Organisation amnesty international überwacht. Die Länder, in denen Menschenrechte und Menschenwürde verletzt werden, werden öffentlich angeprangert und zum Abstellen der Missstände aufgefordert.

humanitas

Homo sum, humani nihil a
me alienum puto
(Terenz)

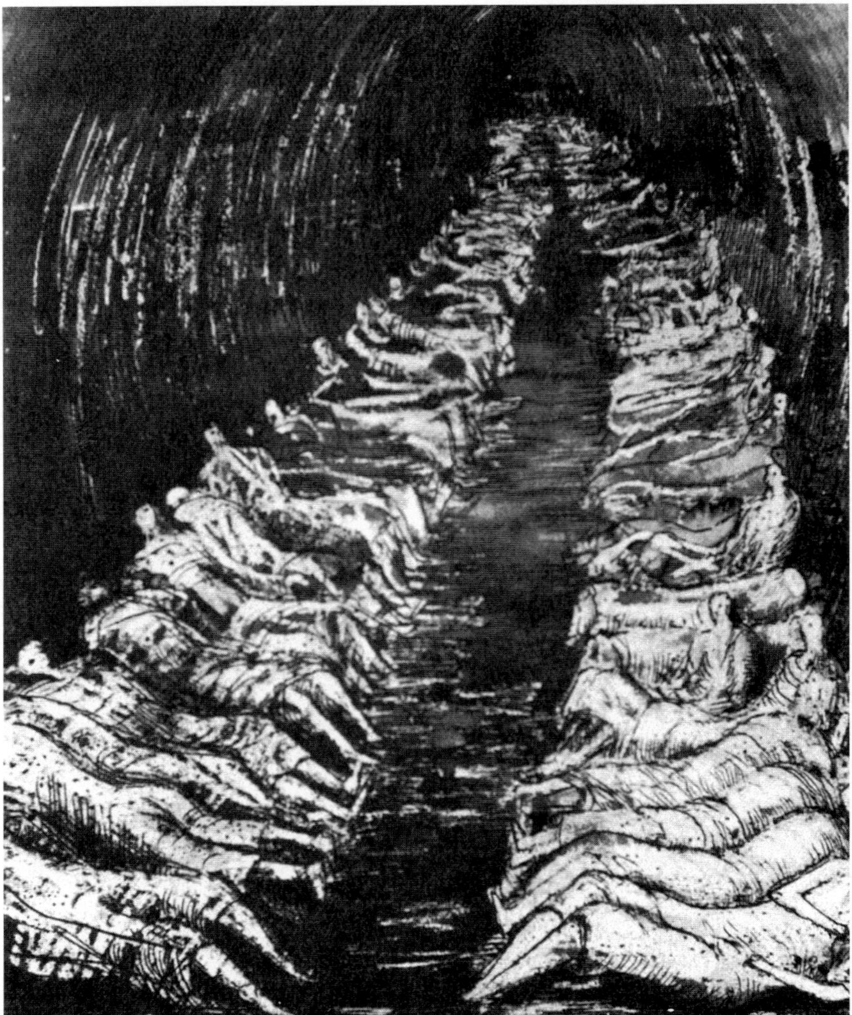

Henry Moore (1898 - 1986), englischer Bildhauer und Graphiker, Menschen im Tunnel 1941. Während des zweiten Weltkrieges konzentrierte sich Moore auf das Zeichnen. 1940 - 1942 sind in den Londoner U-Bahn-Schächten die Bunkerzeichnungen entstanden, die die vor den unmenschlichen Fliegerangriffen Schutz suchenden Menschen zum Thema haben.

Einführung

'Humanität' ist heute ein weltweit bekanntes Wort, dessen Gebote aber immer noch oft unbeachtet bleiben, wenn es - im Sinne des heutigen Begriffsinhaltes - um Hilfe für Notleidende geht. Das Wort *humanitas* wurde schon in der römischen Republik geprägt, leitet sich von *homo, humanus* ab und bedeutete damals die Entwicklung und Betätigung aller Eigenschaften, die den Menschen als Menschen kennzeichnen. Mit etwas eingeschränktem Begriffsinhalt wurden Wort und Sache, besonders über die Humanisten, bis in unsere Zeit überliefert. Heute ist 'humanitas / Humanismus', wie ein berühmter Altphilologe sagte, ein Hauptbindeglied zwischen der Antike und der abendländischen Welt, eines der wesentlichen Prinzipien der modernen Kultur.

TEXTE

1. Cicero: Severitas condimentis humanitatis mitigatur

Die folgende Textstelle ist einem Brief des Marcus Tullius Cicero an seinen Bruder Quintus entnommen, der einige Jahre jünger war als Marcus und sich auch öffentlich betätigte, aber im politischen Leben nie eine große Rolle spielte. Nachdem Quintus im Jahre 62 v. Chr. die Prätur bekleidet hatte, wurde er als Statthalter in die Provinz Asien geschickt. Sein Bruder Marcus gibt ihm deswegen Ratschläge, als Vorgesetzter die Untergebenen gerecht, verantwortungsbewusst und human zu behandeln.

Quare sint haec fundamenta dignitatis tuae: tua primum integritas 18
et continentia, deinde omnium, qui tecum sunt, pudor, dilectus in
familiaritatibus et provincialium hominum et Graecorum percautus
et diligens, familiae gravis et constans disciplina. Quae cum honesta
sint in his privatis nostris cottidianisque rationibus, in tanto impe- 19
rio, tam depravatis moribus, tam corruptrice provincia divina vide-
antur necesse est. Haec institutio atque haec disciplina potest susti-
nere in rebus statuendis et decernendis eam severitatem.

Quintus frater: der um einige Jahre jüngere Bruder des Marcus Tullius Cicero — **dignitas, -atis:** Würde, Ansehen, Stellung — **integritas, -atis:** Unversehrtheit, Redlichkeit, Lauterkeit — **continentia:** Selbstbeherrschung, Charakterfestigkeit — **pudor, -oris:** Ehrenhaftigkeit — **dilectus, -us** m: Auswahl — **familiaritas, -atis:** Freundschaft — **percautus, a, um:** sehr vorsichtig — **familia:** Haus, Hauswesen, -stand 5 **ratio, -onis:** (hier) Angelegenheit, Lebensweise — **in tanto imperio:** Quintus war damals, im Jahre 60 v. Chr., nach der Prätur Statthalter der Provinz Asia — **depravare:** verderben — **corruptrix, -icis:** Verführerin, verführerisch — **institutio, -onis:** Unterweisung, Anordnung, Verhalten — **sustinēre:** aufrechthalten, bewahren — **severitas, -atis:** Strenge

Haec et cetera plena severitatis, quae statuisti in ista provincia, non 20
facile sine summa integritate sustineremus; quare sit summa in iure dicendo severitas, dummodo ea ne varietur gratia, sed conservetur aequabilis.

Haec severitas acerba videretur, nisi multis condimentis humanita- 21
tis mitigaretur.

Quodsi haec lenitas grata Romae est, ubi tanta adrogantia est, tam 22
immoderata libertas, tam infinita hominum licentia, denique tot magistratus, tot auxilia, tanta vis plebis, tanta senatus auctoritas, quam iucunda tandem praetoris comitas in Asia potest esse, in qua tanta multitudo civium, tanta sociorum, tot urbes, tot civitates unius hominis nutum intuentur, ubi nullum auxilium est, nulla conquestio, nullus senatus, nulla contio! Quare permagni hominis est et cum ipsa natura moderati tum vero etiam doctrina atque optimarum artium studiis eruditi sic se adhibere in tanta potestate, ut nulla alia potestas ab iis, quibus is praesit, desideretur.

(Ad Quint. fr. 1, 1, 18 - 22)

Ⓚ: *haec et cetera ..., quae statuisti:* = diese und sonstige Maßnahmen 10 **ius dicere:** Recht sprechen — **dummodo ne:** wenn nur nicht — **variari:** sich verändern, schwanken — **aequabilis, e:** gleich, unparteiisch — **condimentum:** Gewürz — **mitigare:** sanft machen, mildern 15 **lenitas, -atis:** Milde — **arrogantia:** Anmaßung, Dünkel, Hochmut — **immoderatus, a, um:** unmäßig, ungezügelt — **infinitus, a, um:** grenzenlos — **licentia:** Ungebundenheit, Willkür — **auxilium:** Beistand, Rechtsmittel — **comitas, -atis:** Freundlichkeit, Güte, Milde — **nutus, -us** m: Wink, Befehl 20 **intuērī:** blicken, hinschauen — **conquestio:** Beschwerde — Ⓚ: konstruiere: *permagni hominis est ... cum ... moderati ... tum ... eruditi* — **moderatus, a, um:** besonnen — **eruditus, a, um:** gebildet — **se adhibēre:** sich benehmen

Frage zum Stil

Welches Stilmittel erkennen Sie in Z. 15ff?

Aufgaben zur Interpretation

1. Warum ist *humanitas* gegenüber den Provinzbewohnern im Allgemeinen noch mehr angebracht als in Rom? (§ 22)
2. Was macht nach Cicero das Ansehen und die Stellung eines Vorgesetzten aus?

2. Cicero: Glück durch humanitas

Ac mihi quidem videntur huc omnia esse referenda iis, qui praesunt 24
aliis, ut ii, qui erunt in eorum imperio, sint quam beatissimi; quod
tibi et esse antiquissimum et ab initio fuisse, ut primum Asiam atti-
gisti, constante fama atque omnium sermone celebratum est. Est
autem non modo eius, qui sociis et civibus, sed etiam eius, qui ser-
vis, qui mutis pecudibus praesit, eorum, quibus praesit, commodis
utilitatique servire. Cuius quidem generis constare inter omnes 25
video abs te summam adhiberi diligentiam .., facillimos esse aditus
ad te, patere aures tuas querelis omnium, nullius inopiam ac solitu-
dinem non modo illo populari accessu ac tribunali, sed ne domo
quidem et cubiculo esse exclusam tuo; toto denique imperio nihil
acerbum esse, nihil crudele atque omnia plena clementiae, mansue-
tudinis, humanitatis.
Quapropter incumbe toto animo et studio omni in eam rationem, 27
qua adhuc usus es, ut eos, quos tuae fidei potestatique senatus popu-
lusque Romanus commisit et credidit, diligas et omni ratione tuea-
re et esse quam beatissimos velis. Quodsi te sors Afris aut Hispanis
aut Gallis praefecisset, immanibus ac barbaris nationibus, tamen
esset humanitatis tuae consulere eorum commodis et utilitati
salutique servire; cum vero ei generi hominum praesimus, non
modo in quo ipsa sit, sed etiam, a quo ad alios pervenisse putetur
humanitas, certe iis eam potissimum tribuere debemus, a quibus
accepimus. Non enim me hoc iam dicere pudebit, praesertim in ea 28
vita atque iis rebus gestis, in quibus non potest residere inertiae aut
levitatis ulla suspicio, nos ea, quae consecuti sumus, iis studiis et

---

referre ad(huc): beziehen auf — **antiquus, a, um:** (hier) wichtigst — **ut primum:** sobald — **attingere:** (hier) erreichen, betreten 5 Ⓚ: konstruiere: *est ... eius, qui:* es ist Aufgabe, Pflicht dessen, der — **mutus, a, um:** stumm — **pecus, -udis** f.: Vieh — Ⓚ: beziehe *eorum ...* zu *commodis utilitatique* - Ⓚ: konstruiere und ordne: *video → inter omnes constare → abs te ... adhiberi* - **querela:** Klage, Beschwerde — **solitudo, -inis:** Einsamkeit, Verlassenheit 10 **popularis, e:** für das Volk — **accessus, us** m.: Zutritt, Audienz — **tribunal, -alis** n.: Richterstuhl — **cubiculum:** Schlafgemach — **excludere:** ausschließen, fernhalten — **clementia:** Milde — **mansuetudo, -inis:** Milde, Sanftmut — **incumbere** (*in*): sich angelegen sein lassen, sich befleißigen — **ratio,-onis:** Verfahren, Art, Weise, Grundsatz 15 **credere:** anvertrauen - **Afer:** = *Africus* — **praeficere** (*-io*) **alicui:** über etwas setzen — **immanis, e:** wild, unmenschlich 20 Ⓚ: ergänze zu *ipsa: humanitas* — Ⓚ: konstruiere: *non me ... pudebit → dicere → nos ea adeptos esse* — **pudet me:** ich schäme mich — **residēre:** zurückbleiben — **inertia:** Trägheit, Schlaffheit, Laxheit 25 **levitas, -atis:** Leichtsinn, Leichtfertigkeit, Charakterlosigkeit - **ea, quae consecuti sumus:** = unsere Erfolge artibus esse adeptos, quae sint nobis Graeciae monumentis disciplinisque tradita. Quare praeter communem fidem, quae omnibus debetur, praeterea nos isti hominum generi praecipue debere videmur, ut, quorum praeceptis sumus eruditi, apud eos ipsos, quod ab iis didicerimus, velimus expromere.

Atque ille quidem princeps ingenii et doctrinae Plato tum denique 29
fore beatas res publicas putavit, si aut docti ac sapientes homines eas regere coepissent aut ii, qui regerent, omne suum studium in doctrina et sapientia conlocassent; hanc coniunctionem videlicet potestatis et sapientiae saluti censuit civitatibus esse posse. Quod fortasse aliquando universae rei publicae nostrae, nunc quidem profecto isti provinciae contigit, ut is in ea summam potestatem haberet, cui in doctrina, cui in virtute atque humanitate percipienda plurimum a pueritia studii fuisset et temporis.

(Ad Quint. fr. 1.1, 24 - 29)

---

disciplina: Lehre, Bildung - **fides, -ei** f.: Vertrauen, Glaubwürdigkeit — **erudire:** unterrichten, bilden 30 **expromere:** an den Tag legen, bestätigen, zeigen — **ingenium:** Geist — **doctrina:** Gelehrsamkeit — **Plato:** vgl. Politeia 473 C — **doctus, a, um:** gelehrt — **collocare (in aliqua re):** sich auf etwas verlegen — **coniunctio, -onis:** Verbindung 35 Ⓚ: ergänze zu: *in eā: provinciā* - **percipere** (*-io*): erfassen, lernen

Frage zur Sprache

Erklären Sie die Genitive *est .. non modo eius, qui ... sed etiam eius, qui ...* (Z. 4 ff.) und *tamen esset humanitatis tuae ...* (Z. 18 ff.)!

Aufgaben zur Interpretation

1. Durch welche Substantive und Verba charakterisiert Cicero in § 22 - 27 humanes Verhalten?
2. Aus welchen Wurzeln erwächst humanes Verhalten? (§ 29)
3. Zu welchem Ziel soll ein Vorgesetzter seine Untergebenen führen? (§ 24)
4. Warum ist gerade beim Umgang mit den Bewohnern dieser Provinz ein höheres Maß an *humanitas* angebracht? Welchen Beitrag zur *humanitas* haben sie geleistet?
5. Wodurch zeichnet sich also ein *vir vere humanus* aus?

3. Seneca: Natura nobis amorem indidit mutuum

Seneca will in diesem Brief die These der Stoa erörtern: Das glückliche Leben besteht im rechten Handeln. Dazu bedarf es der Richtlinien, z. B., wie man die Götter verehren und mit den Menschen umgehen muss. Solche Einzelvorschriften lassen sich nach Seneca allgemeinen, übergeordneten Lehrsätzen zuordnen, die sich aus der Natur des Menschen ergeben und philosophisch begründbar sind.

Ecce altera quaestio, quomodo hominibus sit utendum. Quid agi- 51
mus? Quae damus praecepta? Ut parcamus sanguini humano?
Quantulum est, ei non nocere, cui debeas prodesse! Magna scilicet
laus est, si homo mansuetus homini est. Praecipiemus, ut naufrago
manum porrigat, erranti viam monstret, cum esuriente panem
suum dividat? Quare omnia, quae praestanda ac vitanda sunt,
dicam? Cum possim breviter hanc illi formulam humani offici tra-
dere: omne hoc, quod vides, quo divina atque humana conclusa 52
sunt, unum est; membra sumus corporis magni. Natura nos cogna-
tos edidit, cum ex isdem et in eadem gigneret; haec nobis amorem
indidit mutuum et sociabiles fecit. Illa aequum iustumque compo-
suit; ex illius constitutione miserius est nocere quam laedi; ex illius
imperio paratae sint iuvandis manus. Ille versus et in pectore et in 53
ore sit:

‘homo sum, humani nihil a me alienum puto.’

Habeamus: In commune nati sumus. Societas nostra lapidum fornicationi simillima est, quae casura, nisi in vicem obstarent, hoc ipso sustinetur.

(Ep. 95, 51 - 53)

---

ecce: siehe! — **quaestio, -onis:** Frage - **scilicet:** selbstverständlich, natürlich — **quantulus, a, um:** wie klein, wie wenig — **mansuetus, a, um:** gezähmt, sanftmütig, mild — **naufragus, a, um:** schiffbrüchig 5 **porrigere:** austrecken, darreichen — **monstrare:** zeigen — **esurire:** hungern — **panis, -is m.:** Brot — **praestare aliquid:** etwas verrichten, leisten, tun — **formula:** kleine Form, Regel, Vorschrift, Grundsatz — **concludere:** einschließen — **membrum:** Glied — **cognatus, a, um:** blutsverwandt 10 **edere:** zur Welt bringen, erschaffen — **gignere:** zeugen, hervorbringen — **indere:** hineintun, -setzen, -legen — **mutuus, a, um:** wechselseitig — **sociabilis, e:** gesellig — **componere:** zusammenstellen, zu Stande bringen, gestalten, stiften — **constitutio, -onis:** Anordnung, Verfügung — **iuvandi:** Hilfsbedürftige 15 **homo sum ...:** Das Zitat ist dem Werk Heautontimoroumenos I 1, 54 des Komödiendichters Publius Terentius Afer (185 - 159 v. Chr.) entnommen — **habeamus:** wollen wir festhalten — **in commune:** für die Allgemeinheit — **societas, -atis:** Gemeinschaft — **fornicatio, -onis:** Wölbung, Gewölbe — Ⓚ: *casura = caderet et ...* — **invicem:** wechselseitig, gegenseitig — **obstare:** entgegenstehen, aufhalten

AUFGABEN ZUR INTERPRETATION

1. Welche Pflichten der Nächstenliebe zählt Seneca in § 51 auf?
2. Erklären Sie den philosophischen Hintergrund der Aussagen:
   a) *divina atque humana conclusa sunt*
   b) *membra corporis magni sumus* und *natura nos cognatos edidit*
3. An welches Wesensmerkmal des Menschen erinnern die Ausdrücke *natura (nos) sociabiles fecit* und *in commune nati sumus?*
4. Worin besteht für Seneca das Wesen der *humanitas?*
5. Was versteht man heute noch unter einem 'Samariter'?

4. Gellius: Humanitatem eruditionem institutionemque in bonas artes dicimus

Aulus Gellius, geb. 130 n. Chr., lebte meistens in Rom. In seinen *Noctes Atticae* (175 n. Chr.), zur Erinnerung an seinen einjährigen Studienaufenthalt in Athen geschrieben, behandelt er Fragen aus der Literatur, Altertumskunde und anderen Wissenschaften, wobei er viele Autoren als Quellen zitiert, sehr oft den M. Terentius Varro. Im folgenden Text geht es ihm um die Erklärung des Begriffes *humanitas.*

Humanitatem non significare id, quod vulgus putat, sed eo vocabulo, qui sinceriter locuti sunt, magis proprie esse usos.

Qui verba Latina fecerunt quique his probe usi sunt, 'humanitatem' non id esse voluerunt, quod volgus existimat quodque a Graecis 'φιλανθρωπία' dicitur et significat dexteritatem quandam benivolentiamque erga omnis homines promiscam, sed 'humanitatem' appellaverunt id propemodum, quod Graeci 'παιδείαν' vocant, nos 'eruditionem institutionemque in bonas artis' dicimus. Quas qui sinceriter percupiunt adpetuntque, hi sunt vel maxime humanissimi. Huius enim scientiae cura et disciplina ex universis animantibus uni homini datast idcircoque 'humanitas' appellata est. Sic igitur eo verbo veteres esse usos et cumprimis M. Varronem Marcumque Tullium omnes ferme libri declarant. Quamobrem satis

---

vocabulum: Wort — **sincerus, a, um:** rein, richtig — **proprius, a, um:** wesentlich, wesensgemäß — Ⓚ: vor *qui* ergänze *eos* — **probus, a, um:** tüchtig, gut, recht 5 φιλανθρωπία: Menschenliebe — **dexteritas, -atis:** Gewandtheit — **benivolentia:** Wohlwollen — **promiscus, a, um:** gemischt, ohne Unterschied — **quemadmodum:** beinahe, ungefähr — παιδεία: Erziehung, Bildung — **eruditio, -onis:** Bildung — **institutio, -onis:** Unterweisung — **percupere** (*-io*): sehr verlangen, wollen 10 **scientia:** Einsicht, Wissen — **disciplina:** Unterweisung, Lehre, Kenntnis — **animans, -ntis:** Geschöpf, Lebewesen — **datast** = *data est* — **cumprimis** = *imprimis:* ganz besonders **M. Terentius Varro** (116 - 27 v. Chr.), Erforscher der römischen Altertümer, sein Hauptwerk: *Antiquitates rerum humanarum et divinarum* — **ferme** = *fere*: fast

Vincent van Gogh (1853 - 1890), niederländischer Maler, Der barmherzige Samariter, Sammlung Stedelijk Museum Amsterdam. Das Bild stellt die Begebenheit dar, wie sie im Neuen Testament, Lukas 10, 30 - 37 zu lesen ist.

habui unum interim exemplum promere. Itaque verba posui Varronis e libro rerum humanarum primo, cuius principium hoc est „Praxiteles, qui propter artificium egregium nemini est paulum modo humaniori ignotus." „Humaniori" inquit; non vulgo dicitur, facili et tractabili et benivolo, tametsi rudis litterarum sit, hoc enim cum sententia nequaquam convenit, sed eruditiori doctiorique, qui Praxitelem, quid fuerit, et ex libris et ex historia cognoverit.

(Noct. Attic. 13, 17)

---

satis habere: sich begnügen — **promere:** hervorholen — **ponere:** (hier) anführen 15 **Praxiteles:** Bildhauer aus Athen (4. Jhdt. v. Chr.) — **paulum modo:** nur ein wenig, nur etwas — **ignotus, a, um:** unbekannt — **facilis, e:** freundlich — **tractabilis, e:** mild, gütig — **benivolus, a, um:** wohlwollend — **tametsi:** obschon, obgleich — **rudis, e** (*litterarum*): ungebildet — **sentenia:** Sinn — **convenit cum:** es stimmt über ein mit 20 **historia:** Geschichte

Aufgaben zu Interpretation

1. Welche zwei Bedeutungsinhalte für das Wort *humanitas* werden zur Zeit des Gellius überliefert (Z. 5 – 8)?
2. Mit welchen Substantiven und Adjektiven charakterisiert er in 1 und 4 φιλανθρωπία (Philanthropia = Menschenliebe)?
   Wie definiert er den griechischen Ausdruck παιδεία (Paideia = Bildung)?
3. Welche der zwei Bedeutungen ist nach seiner Meinung die richtige?

5. Coluccio Salutati: Virtus et doctrina humanitatis vocabulum representat

Coluccio Salutati (1331 - 1406) bei Pistoia (Toskana) geboren, war Staatsmann und humanistischer Gelehrter. Als Humanist lehnt er sich auch bei der Begriffserklärung von *humanitas* an sein antikes Vorbild Cicero an.
Der folgende Brief ist am 10.9.1401 in Florenz geschrieben. Der Adressat ist Carlo Malatesta (1368 - 1429), Herr von Rimini.

Magnifico domino Carolo de Malatestis Arimini domino. Quod non verear tibi scribere, magnificentissime domine, primum et precipuum est propter humanitatem tuam, qua - vocabulum enim polysemum est - non solum litteris et scientie eruditione principibus, quos in hoc facillimum est vincere, sed etiam viris studiosissimis antecellis quave tantam exhibes erga cunctos mansuetudinem et comitatem, quod timidos erigis, ut excellentie tue ac magnitudinis obliti tecum in maxima securitate loquantur. Quo fateri oportet te non in maiore dignitatis et status luce versari quam virtutis atque doctrine, que duo unicum illud humanitatis vocabulum representat. Nam non solum illa virtus, que etiam benignitas dici solet, hoc nomine significatur, sed etiam peritia et doctrina: plus igitur humanitatis importatur verbo quam communiter cogitetur: Optimi quidem auctorum, tam Cicero quam alii plures, hoc vocabulo pro doctrina moralique scientia usi sunt; nec mirum preter hominem quidem nullum animal doctrinabile reperitur, ut, cum homini proprium sit doceri et docti plus hominis habeant quam indocti, convenientissime prisci per humanitatem significaverint et doctrinam.

(Epistolario XVIII)

Malatesta: eine aus der Romagna stammende Adelsfamilie, die seit dem späten 13. Jh. bis 1503 Signori/Herrscher von Rimini war — **magnificus, a, um:** großartig, glänzend — **magnificens, ntis:** großartig, prächtig, rühmlich (ehrerbietige Anrede einer hochgestellten Persönlichkeit) — Ⓚ: **quod:** faktisches *quod*: was das betrifft, dass, wenn — **precipum** = *praecipuum*: besonders — **polysemus, a, um:** viel bedeutend — **scientie** = *scientiae* — **eruditio, -onis:** Unterricht, Bildung 5 **viri studiosissimi:** die humanistisch Gebildeten — **antecellere:** übertreffen — **exhibēre:** zeigen, erkennen lassen — **mansuetudo, -inis:** Sanftmut, Milde — **comitas, -atis:** Freundlichkeit, Güte, Milde — **timidus, a, um:** furchtsam — **excellentie** = *excellentiae*: Vorzug, Vortrefflichkeit — **tue** = *tuae* — **securitas, -atis:** Unerschrockenheit — **status, us** m.: Stellung, Stand 10 **doctrine** = *doctrinae* — **representare** = *repraesentare*: darstellen — **benignitas, -atis:** Gutmütigkeit, Freundlichkeit — **peritia:** Kenntnis — **importare:** einführen — **communiter:** im Allgemeinen 15 **preter** = *praeter* — **doctrinabilis, e:** belehrbar — **proprius, a, um:** eigen, eigentümlich — **doctus, a, um:** gelehrt — **conveniens, -entis:** passend — **priscus, a, um:** früher, alt

AUFGABEN ZUR INTERPRETATION

1. Erklären Sie *plus hominis* (Z. 17) grammatikalisch und inhaltlich!
2. Nennen Sie die zwei Bedeutungen, die nach Coluccio Salutati das Wesen der *humanitas* kennzeichnen!
3. Welche Substantive können Sie den beiden Bedeutungen zuordnen?

Hendrik Terbrugghen (1588 - 1629), niederländischer Maler, Der heilige Sebastian wird von Irene gepflegt, Oberlin (Ohio), Allen Memorial Art Museum. - Sebastian, ein römischer Offizier im 3./4. Jh., starb unter Kaiser Diokletian den Märtyrertod von Pfeilen durchbohrt, nur mit einem Lendenschurz bekleidet. Die Witwe Irene zieht die Pfeile aus seinen Wunden und pflegt ihn.

6. J. G. Herder: Humanität ist ein Gefühl der menschlichen Natur

Johann Gottfried Herder (1744 - 1803), ein Zeitgenosse Johann Wolfgang von Goethes, wollte wie dieser als Lehrer, Prediger und Schriftsteller in der Tradition der Antike die Menschheit zur Humanität führen. Humanität ist für ihn der Sinn für die menschliche Natur in ihrer Stärke und Schwäche.

Aus ihren Briefen, meine Freunde, ziehe ich mir Folgendes:

1. Das weiche Mitgefühl mit den Schwächen unsres Geschlechts, das wir gewöhnlicherweise Menschlichkeit nennen, macht die ganze Humanität nicht aus. Zu rechter Zeit, am rechten Ort ziert es den Menschen allerdings, da Sympathie in reinem Verstande, d. i. eine lebhafte, schnelle Versetzung in den Zustand des Fehlenden, Irrenden, Leidenden, Gequälten, der zarteste Kitt der Vereinigung ähnlicher Geschöpfe und unter Menschen das lindeste Band ihrer Verbindung ist. Nichts stößt mehr zurück als gefühllose, stolze Härte. Ein Betragen, als ob man höheren Stammes und ganz andrer oder gar eigner Art sei, erbittert jeden und ziehet dem Übermenschen das unvermeidliche Übel zu, dass sein Herz ungebrochen, leer und ungebildet bleibt, dass jedermann zuletzt ihn hasset oder verachtet.
So notwendig indessen eine menschliche Lindigkeit und Milde gegen die Fehler und Leiden unsrer Nebengeschöpfe bleibt, so muss sie doch, wenn sie zu weich und ausschließend wird, den Charakter erschlaffen und kann eben dadurch die härteste Grausamkeit werden, ohne Gerechtigkeit bestehet Billigkeit nicht. Eine Nachsicht ohne Einsicht der Schwächen und Fehler ist eine Verzärtelung, die eiternde Wunden mit Rosen bedeckt und eben dadurch Schmerzen und Gefahr mehrt.
2. Auch ist Humanität Ihnen nicht bloß jene leichte Geselligkeit, ein sanftes Zuvorkommen im Umgange, so viel Reize dies auch dem täglichen Leben gewähret. Vielmehr ist sie, subjektiv betrachtet,

3. ein Gefühl der menschlichen Natur in ihrer Stärke und Schwäche, in Mängeln und Vollkommenheiten, nicht ohne Tätigkeit, nicht ohne Einsicht. Was zum Charakter unsres Geschlechts gehört, jede mögliche Ausbildung und Vervollkommnung desselben, dies ist das Objekt, das der humane Mann vor sich hat, wonach er strebet, wozu er wirket. Da unser Geschlecht selbst aus sich machen muss, was aus ihm werden kann und soll, so darf keiner, der zu ihm gehört, dabei müßig bleiben. Er muss am Wohl und Weh des Ganzen teilnehmen und seinen Teil Vernunft, sein Pensum Tätigkeit mit gutem Willen dem Genius seines Geschlechts opfern.
4. Zum Besten der gesamten Menschheit kann niemand beitragen, der nicht aus sich selbst macht, was aus ihm werden kann und soll; jeder also muss den Garten der Humanität zuerst auf dem Beet, wo er als Baum grünet oder als Blume blühet, pflegen und warten. Wir tragen alle ein Ideal in und mit uns, was wir sein sollten und nicht sind; die Schlacken, die wir ablegen, die Form, die wir erlangen sollen, kennen wir alle. Und da, was wir werden sollen, wir nicht anders als durch uns und andre — von ihnen erlangend, auf sie wirkend — werden können, so wird notwendig unsre Humanität mit der Humanität anderer eins und unser ganzes Leben eine Schule, ein Übungsplatz derselben. Was wahrhaftig, was ehrbar, was gerecht, was keusch, was lieblich ist, was wohllautet, ist etwa eine Tugend, ist etwa ein Lob, dessen befleißigt euch, sagt selbst ein Apostel.
5. Alle Einrichtungen der Menschen, alle Wissenschaften und Künste können, wenn sie rechter Art sind, keinen andern Zweck haben, als uns zu humanisieren, d. i. den Unmenschen oder Halbmenschen zum Menschen zu machen und unserm Geschlecht zuerst in kleinen Teilen die Form zu geben, die die Vernunft billigt, die Pflicht fordert, nach der unser Bedürfnis strebet. Dass die Wissenschaften, die man *humaniora* nennt, zum leeren Zeitvertreib oder zu eitelm Putz ausgeartet sind, ist ein Missbrauch, den schon ihr Name strafet. Ursprünglich war dies nicht also. Vollends Künste und Wissenschaften, die den angebornen Stolz, die freche Anmaßung, das blinde Vorurteil, die Unvernunft und Unsittigkeit stärken, verschleiern, schmücken, beschönen, sollte man brutalisierende Künste und Wissenschaften nennen, wert, von Sklaven getrieben zu werden, damit auf ihnen die menschliche Tierheit ruhe.

(Briefe zur Beförderung der Humanität, 32. Brief)

Aufgaben zur Interpretation

1. Warum macht nach Herder Mitgefühl mit den Schwächen nicht die ganze Humanität aus? (§ 1)
2. Wonach muss der humane Mensch streben? (§ 3)
3. Worin besteht nach Herder der Beitrag des einzelnen Menschen zur Entwicklung der ganzen Menschheit hin zur Humanität? (§ 4)
4. Welche Einrichtungen können zur Humanisierung des Menschengeschlechts beitragen? (§ 5)
5. Nennen Sie einige Beispiele aus der deutschen Klassik, die der Humanitätsidee Herders entsprechen!

7. K. Jaspers: Ist ein neuer Humanismus möglich?

Karl Jaspers (1883 - 1969), Professor für Philosophie in Heidelberg und Vertreter des Existentialismus, äußerte sich besonders in den Nachkriegsjahren öfters zu aktuellen politischen Ereignissen. Nach den Grausamkeiten des Dritten Reiches und des Krieges stellte er sich die Frage, ob und inwieweit für unsere Zeit ein neuer Humanismus möglich ist.

Der Humanismus:
Bildungsideal der Antike und das Menschenbild der Bibel

Was Humanismus genannt wird, hat einen sehr verzweigten Sinn.

Gemeint ist erstens ein Bildungsideal: die Aneignung der Überlieferung der Antike, des Römertums und des Griechentums. In der Antike selber ist dieser Bildungsgedanke begründet im Scipionenkreis, strahlt in Cicero. Seit dem vierzehnten Jahrhundert in Italien wurde er erneuert. Die lateinische und griechische Sprache führt in die klassische Welt, die in ihrer Literatur, ihren Kunstwerken, Bauten, Dokumenten, Landschaften uns durch die Arbeit dieser Humanisten und ihrer Nachfolger vor Augen steht. Diese Bildung ist eine Sache aristokratischer Freunde, war historische Wirklichkeit von Petrarca bis zu Erasmus und Thomas Morus, dann wieder ganz anders im deutschen Neuhumanismus der Goethezeit. In diesem Bildungsgedanken entstand seit dem vierzehnten Jahrhundert die klassische Philologie. Wie weit in ihren Vertretern der Humanismus fortlebt, der eine großartige Humanität, eine menschenfreundliche Gesinnung, den sicheren Blick für das Edle in sich schloss, zu Gunsten bloßer Wissenschaft verschwunden ist, ist seit Nietzsche eine Frage. Vielleicht lebt heute in immer kleiner werdenden Kreisen die humanistische Bildung kraftlos als eine Weise beschränkter Humanitas fort.

Im Humanismus ist heute zweitens ohne ausdrücklichen Bezug auf jenen historischen Humanismus das Wiedererstehen des Menschen aus seinem ewigen Ursprung gemeint. Nicht der Bildungsgedanke einer sprachlichen und literarischen Erziehung ist das Maßgebende, sondern die Idee des Menschen, die schon in der historisch begrenzten Gestalt des Humanismus eine Rolle spielte und in der Humanität als Anerkennung der Menschenwürde in jedem Menschen unliterarisch auf dem Grund des biblischen Glaubens wirklich war.

Welchen Weg unseres Humanismus halten wir für möglich?

Bei jeder unserer bisherigen Erörterungen haben wir die Forderungen formuliert, die sich für einen kommenden Humanismus ergaben: den Blick im weitesten Rahmen der menschlichen Möglichkeiten, die Durchdringung der technischen Welt, die politische Entscheidung für die öffentliche Freiheit des Geistes, den Willen zum Festhalten der Überlieferung, die Arbeit am gemeinsamen Grundwissen, die Erfüllung des Anspruchs der Massen, das Standhalten in der Ungewissheit.

Jetzt versuchen wir, die zwei Wege ins Auge zu fassen, die untrennbar scheinen: das Leben in der Aneignung des *abendländischen Humanismus* als unersetzlichen Ausgang und das *Ringen um die Unabhängigkeit des Menschen* als die Voraussetzung aller kommenden Möglichkeiten.

Eigentliches Menschsein ist jederzeit ursprünglich, aber wird um so tiefer, je entschiedener es aneignet, woher es kommt. Unser Humanismus ist *abendländischer Humanismus.* Er enthält zwei Momente: den Bezug auf die *griechisch-römische Antike* und den Willen zum *eigentlichen Menschsein,* und zwar das eine durch das andere.

Der Humanismus hat die ehrwürdige Überlieferung. Ohne ihn sind Dante, Michelangelo, Shakespeare und Goethe undenkbar — in seinem Boden wuchsen auch Hölderlin, Kierkegaard und Nietzsche —, ohne ihn wären nicht einmal seine radikalen Gegner, wie Karl Marx, geistig möglich gewesen. Wie sollten wir diesen Namen des Humanismus verleugnen! In Nähe zu den abendländischen Menschen, zu ihnen aufblickend, können wir unseren eigenen Weg suchen. Zu keiner erlauchteren Schar von Geistern können wir uns gesellen.

Lassen wir uns nicht einschüchtern durch die übermütigen Behauptungen, dass unser Zeitalter den Humanismus überwunden habe, dass er zu den Resten dekadenten Bürgertums gehöre. Solche Scheinerkenntnis gewinnt nur dann an Geltung, wenn eine despotische Gewalt gegen die wirklichen geistigen Ansprüche des Menschen ausmerzt, war ihr nicht gefällt.

Der Humanismus ist wesentlich eine Erziehungsfrage. Er bringt der Jugend die tiefsten menschlichen Gehalte in reinster Form und in einfachster Fassung. Es ist gar nicht unzeitgemäß, die humanistischen Gymnasien zu pflegen und den dazu begabten Kindern das Beste durch die alten Sprachen zukommen zu lassen, was auch heute nur auf diesem Wege zu geben möglich ist. Alle Kinder des Abendlandes aber sollten außer mit der Bibel auch mit der Geschichte des Altertums und mit Schriften der Antike in Übersetzungen und mit der Kunst jener einzigen Zeiten vertraut werden.

(Über Bedingungen und Möglichkeiten eines neuen Humanismus, S. 21f., 40ff.)

Aufgaben zur Interpretation

1. Wie hat sich nach Jaspers der Humanismus als Bildungsidee aus der Antike bis zur Gegenwart entwickelt?
2. Woraus lässt sich der Humanismus noch ableiten?

3. Welche zwei Voraussetzungen müssen nach Jaspers gegeben sein, um einen kommenden Humanismus zu ermöglichen?
4. Wie lässt sich der Humanismus als Erziehungsfrage auch heute noch verwirklichen?
5. Welche Ihnen bekannte moderne Autoren behandeln in ihren Werken Probleme der Humanität?

8. Ehrung der Humanität von Romano Guardini durch den Erasmus-Preis

Romano Guardini (1885 - 1968), in Verona geboren, wurde 1923 Professor für Religionsphilosophie und lehrte zuletzt an der Universität München. Als Anerkennung für sein pädagogisches und seelsorgerisches Wirken erhielt er 1962 den Erasmus-Preis, der alljährlich von der Stiftung „Praemium Erasmianum" in Amsterdam einer Person oder Institution verliehen wird, die einen für Europa besonders bedeutenden Beitrag auf kulturellem, sozialem oder sozialwissenschaftlichem Gebiet geleistet hat.

QUIBUS DE CAUSIS PRAEMIUM ADIUDICATUM SIT
VIRO REVERENDISSIMO ET CLARISSIMO
ROMANO GUARDINI
PRAEMIUM DECERNITUR:

QUIA ET IN VITA IN OPERIBUS DIGNISSIMUM ERASMI SUCCESSOREM SE OSTENDENS, CUM MULTIFARIAM SERVANDAE, FORMANDAE, EXPOLIENDAE, NECNON, UBI NECESSE ERAT, RENOVANDAE ET CONFIRMANDAE EUROPEAE VITAE SPIRITUALI INSERVIERIT, UT OLIM ERASMUS, SIC PRAECIPUIS ADNUMERANDUS EST AEQUALIBUS, QUI MIRABILEM IN MODUM HUMANITATIS FRUCTUS FIDEI CHRISTIANAE CONIUNGANT;

---

adiudicare: zuerkennen — **reverendus** (*reverērī*): hochwürdig — **successor:** Nachfolger — **multifariam** (adv.): vielseitig — **expolire**: verfeinern, vertiefen — **necnon**: und gewiss auch — **renovare**: erneuern — **vita spiritualis:** Geistesleben — **inservire:** zu Diensten stehen, beitragen — Ⓚ: konstruiere: *inservierit → servandae, expoliendae, renovandae, confirmandae vitae spiritualis Europeae* 5 **aequalis:** Zeitgenosse — **mirabilis, e:** wunderbar, außerordentlich — **fides Christiana:** christlicher Glaube

QUIA IPSE LATINUM GERMANICUMQUE INGENIA IN SE CONFUNDENS, MENTISQUE ET ANIMI FACULTATES EXIMIE COPULANS, ID PERSECUTUS EST UT RES IN NOSTRO SAECULO VIOLENTER DISTRACTAS, SED NATURALITER, SE IUDICE, UNAS ET INDIVIDUAS, AD CONCENTUM HARMONIAMQUE REDUCERET;

QUIA PER DIMIDIUM CERTE SAECULUM ET VIVA VOCE DOCENDO ET PLUS CENTUM PARTIM MAIORIBUS LIBRIS SCRIBENDIS, AMPLUM LATEQUE PATENS OFFICIUM PRAESTITIT;

QUIA NON SOLUM THEOLOGIAM, LITURGIAM, PHILOSOPHIAM OCCIDENTALEM ET ORIENTALEM, PSYCHOLOGIAM HODIERNAM, LITTERAS ANTIQUAS ET NOVAS, SED ETIAM ARTEM PRIORUM TEMPORUM AEVIQUE NOSTRI ET NATURALES SCIENTIAS, NE MINUS EDUCANDI ET INSTITUENDI RATIONEM ET SCIENTIAM CIVILEM PENITUS EXCOLUIT;

QUIA DUAE PRAESERTIM RES EIUS COGITATIONES OCCUPAVERUNT, NEMPE RELIGIONIS MAGNIFICENTIA, QUAE POST CHRISTI ADVENTUM SPLENDORE SUO IAM VIGINTI SAECULORUM OBSCURITATEM INUNDAT, ET SOLLICITUDO ERGA HOMINES HUIUS TEMPORIS, QUIPPE QUI DUBITENT, QUANTUM VALEANT RELIGIO CHRISTIANA ET RES HUMANIORES;

QUIA HIS COGITATIONIBUS IMPULSUS MAGIS MAGISQUE ET IN EUROPA ET ALIBI MAXIMA AUCTORITATE ORNATUS VERE PHILOSOPHUS HUMANO GENERI SALUTEM ET CALAMITATEM CLARIUS ANTE OCULOS POSUIT;

QUIA TALI RATIONE, UT HUMILIS IN DOMINI VINETO MINISTER, IN TURBIDO INQUIETOQUE MUNDO PRAECLARUM EXEMPLUM ET VITAE RENOVATOREM SE PRAESTITIT.

(A. Fitzek, Latein in unserer Zeit, S. 36)

---

in se confundere: in sich vereinigen — **mentis et animi facultates:** die Fähigkeit des Denkens und Fühlens — **eximius, a, um** besonders — **copulare:** verbinden — **violentus, a, um:** gewaltsam — **distrahere:** auseinander reißen, trennen — **se iudice:** nach seinem Urteil 10 **individuus, a, um:** untrennbar — **concentus, us** m.: Eintracht — **dimidius, a, um:** halb — **amplum lateque patens officium:** eine ehrenvolle und umfangreiche Verpflichtung — **occidentalis - orientalis:** westlich - östlich 15 **hodiernus, a, um:** heutig — **aevum:** Zeit — **naturales scientiae:** Naturwissenschaften — **educandi et instituendi ratio:** Pädagogik — **scientia civilis:** Staatswissenschaft — **penitus** (adv.): tief eindringend, genau — **excolere:** sorgfältig bebauen, bearbeiten, gründlich studieren — **cogitatio, -onis:** (hier) Erfahrung 20 **magnificentia:** Herrlichkeit — **splendor, -oris:** Glanz — **obscuritas, -atis:** Dunkelheit — **inundare:** überschwemmen, (hier) erhellen — **sollicitudo, -inis:** Sorge — **quippe qui:** da sie — **res humaniores:** (hier) Menschlichkeit — **impellere:** antreiben 25 (*tali*) **ratione:** (hier) Geisteshaltung — **humilis, e:** demütig — **vinetum:** Weinberg — **turbidus, a, um:** aufgewühlt — **inquietus, a, um:** unruhig — **mundus:** Welt — **renovator, -oris:** Erneuerer — **se praestare:** sich erweisen, zeigen

AUFGABE ZUR INTERPRETATION

Welche Gründe werden für die Preisverleihung angeführt, die insbesondere den Bereich der Humanität betreffen?

links: „Die Caritas", Gemälde von Bartolomeo Schedoni (1578-1615), Neapel, Museo e Gallerie di Capodimonte - *rechts:* Eine Schwester des von Mutter Teresa 1950 in Kalkutta gegründeten Ordens der „Missionaries of Charity" (Missionarinnen der Liebe), der dem Dienst an Sterbenden, Waisen und (Lepra-)Kranken verpflichtet ist.

„Nicht nur Nahrung und Kleidung brauchen die Armen, sondern auch Angenommensein. Es ist der Zustand des Ausgestoßenseins, den ihre Armut ihnen auferlegt, der sie am meisten quält." (Mutter Teresa, 1910-1997)

LITERATURHINWEISE

Rötzer, Hans G.: Geschichte der deutschen Literatur - Bamberg 1996

Jaspers, K.: Über Bedingungen und Möglichkeiten eines neuen Humanismus - Stuttgart 1970

Klingner, F.: Römische Geisteswelt: Humanität und humanitas - Stuttgart 1979

Pontes: Begleitbuch zur Lektüre nach übergeordneten Themen, XI Humanitas (bearbeitet von Mayer, J. A.) - Stuttgart 1968

virtus

Virtus est perfecta ratio
(Seneca)

Herakles am Scheideweg (1611)
aus dem Tugendspiegel des Dichters Gabriel Rollenhagen

Herakles steht vor der Wahl, für welches von beiden (πότερον) er sich entscheiden soll, für die Tugend, verkörpert durch einen Weisen, oder für das Laster, verkörpert durch den Teufel. Diese Allegorie geht zurück auf den Vorsokratiker Prodikos von Kos (470/60-399 v. Chr.) und ist uns in Xenophons Memorabilien 2, 1, 24 ff. überliefert.

Einführung

Das Wort 'Tugend' (*virtus*) wird heute eher belächelt und für etwas Negatives gehalten, es ist aber immer noch ein Grundbegriff der Ethik, der eine Tüchtigkeit (Tauglichkeit) beinhaltet, ein konsequentes und verantwortungsvolles Leben zu führen, um sich als Mensch im wahrsten Sinne des Wortes selbst zu verwirklichen. Wenn man von dem oben aufgezeigten Menschenbild der Antike ausgeht, dass der Mensch ein Vernunftwesen ist, dann ist die Tugend nach der Lehre der Stoa konsequenterweise nichts anderes als die zur Vollendung gebrachte Vernunft. Auch in unserer Zeit, wo es eher ein Defizit an allgemein verbindlichen ethischen Grundüberzeugungen gibt, können die vielfach für altmodisch gehaltenen traditionellen Tugenden immer noch, teils in neuem Gewand, Orientierungshilfe zur Bewältigung der heutigen Probleme wie z. B. der Bewahrung der Schöpfung und des Lebens, der Erhaltung des Friedens u. a., leisten.

TEXTE

1. Seneca: Virtus unum bonum est in homine

Nachdem Seneca in *Ep.* 76, 8 - 10 (S. 9f.) nach dem Wesen des Menschen und sein ihm eigentümliches Gut gefragt hat, das in der Vernunft besteht, will er in den folgenden Kapiteln dieses Briefes seinem Freund Lucilius erklären, warum das sittlich Gute das einzige wahre Gut ist: Jedes Lebewesen muss diejenige Eigenschaft am besten entwickeln, die ihm von Natur aus als die vortrefflichste bestimmt ist.

Quid in homine proprium? Ratio. Haec recta et consummata felici- 10
tatem hominis implevit. Ergo si omnis res, cum bonum suum per-
fecit, laudabilis est et ad finem naturae suae pervenit, homini autem
suum bonum ratio est, si hanc perfecit, laudabilis est et finem natu-
rae suae tetigit. Haec ratio perfecta virtus vocatur eademque hones-
tum est. Id itaque unum bonum est in homine, quod unum homi- 11
nis est.

(Ep. 76, 10 - 11)

---

consummare: zusammenrechnen, zur höchsten Vollendung bringen — **implēre:** erfüllen, vollenden — **laudabilis, e:** lobenswert — **finis, -is** m.: Ziel, Bestimmung

AUFGABEN ZUR INTERPRETATION

1. Erklären Sie die Grundbedeutung des Wortes *virtus!* In welchen Bedeutungsnuancen haben Sie dieses Wort bei Livius, Cicero, Sallust und Horaz kennen gelernt?
2. Was ist das *optimum* (vgl. S. 9f.) und das *proprium* des Menschen?
3. Wie definiert Seneca den Begriff *virtus?*

2. Cicero: Iam in pueris virtutum quasi scintillas videmus

Im 5. Buch seines Werkes *De finibus bonorum et malorum* lässt Cicero die Lehre der Peripatetiker (Schule des Aristoteles) über das höchste Gut vortragen: Jedes Lebewesen hat eine spezifische natürliche Bestimmung, die es bis zur höchsten Vollendung verwirklichen muss. Für den Menschen ist die wertvollste Fähigkeit die Vernunft, die er, weil sie zunächst nur unvollkommen ausgebildet ist, bis zur Tugend entwickeln muss.

Est enim natura sic generata vis hominis, ut ad omnem virtutem percipiendam facta videatur, ob eamque causam parvi virtutum simulacris, quarum in se habent semina, sine doctrina moventur; sunt enim prima elementa naturae, quibus auctis virtutis quasi germen efficitur Nam cum ita nati factique simus, ut et agendi aliquid et diligendi aliquos et liberalitatis et referendae gratiae principia in nobis contineremus atque ad scientiam, prudentiam, fortitudinem aptos animos haberemus a contrariisque rebus alienos, non sine causa eas, quas dixi, in pueris virtutum quasi scintillas videmus, e quibus accendi philosophi ratio debet, ut eam quasi deum ducem subsequens ad naturae perveniat extremum. Nam, ut saepe iam dixi, in infirma aetate imbecillaque mente vis naturae quasi per caliginem cernitur; cum autem progrediens confirmatur animus, agnoscit ille quidem naturae vim, sed ita, ut progredi possit longius, per se sit tantum incohata. (De fin. 5, 43)

generare: erschaffen — **vis:** (hier) Wesen — **percipere** (*io*): erfassen, erlernen — **parvus** Subst.: kleines Kind — **simulacrum:** Abbild, Schein, Schatten — **semen, -inis** n.: Same — **doctrina:** Unterweisung — **movēre:** (hier) anregen — **elementum:** Grundstoff, Anlage — **germen, -inis** n.: Sprössling, Keim 5 Ⓚ: konstruiere: *ut contineremus → principia → agendi (aliquid) et diligendi (aliquos) et liberalitatis et gratiae referendae* — **liberalitas, -atis:** die dem freien Mann geziemende Denk- und Handlungsweise, edle Gesinnung, Freigebigkeit — **gratiam referre:** Dank abstatten — **fortitudo, -inis:** Tapferkeit — **contrarius, a, um:** entgegengesetzt — **alienus, a, um:** widerstrebend — **scintilla:** Funke 10 **accendere:** entzünden — **subsequi:** nachfolgen, unmittelbar folgen — **extremum** Subst.: das Ende, äußerster, höchster Punkt — **imbecillus, a, um:** schwach — **caligo, -inis:** Finsternis, Nebel — **agnoscere:** erkennen — **tantum:** nur, bloß 15 **incohare:** anfangen, am Anfang stehen — Ⓚ: zu *incohata* ergänze: *natura* — Ⓚ: umstellen: *ut per se sit ... incohata, ... progredi possit longius*

Frage zum Stil

Welches Stilmittel erkennen Sie in Zeile 9?

Aufgaben zur Interpretation

1. Wie ist die ursprüngliche Beschaffenheit der Tugend?
2. Stellen Sie die Ausdrücke für die keimhaft angelegte Tugend zusammen!
3. Welche Aufgabe ergibt sich daraus für den Menschen?

3. Cicero: „Virtutes"

Zu den rhetorischen Werken Ciceros gehören neben den bekannten Schriften wie *De oratore, Orator* und *Brutus* auch die *Partitiones oratoriae* (Rednerische Stoffverteilung). Sie sind eine Art Katechismus der Redekunst, in der Cicero seinen Sohn und Neffen u.a. auch über die Tugenden aufklärt.

Est igitur vis virtutis duplex: aut enim scientia cernitur virtus aut 76
actione. Nam quae prudentia, quae calliditas quaeque gravissimo
nomine sapientia appellatur, haec scientia pollet una. Quae vero
moderandis cupiditatibus regendisque animi motibus laudatur, eius
est munus in agendo; cui temperantiae nomen est. Atque illa pru-
dentia in suis rebus domestica, in publicis civilis appellari solet.
Temperantia autem in suas itidem res et in communes distributa est 77
duobusque modis in rebus commodis discernitur, et ea, quae
absunt, non expetendo et ab iis, quae in potestate sunt, abstinendo.
In rebus autem incommodis est itidem duplex: nam quae venienti-
bus malis obstat, fortitudo, quae, quod iam adest, tolerat et perfert,
patientia nominatur. Quae autem haec uno genere complectitur,
magnitudo animi dicitur; cuius est liberalitas in usu pecuniae,
simulque altitudo animi in capiendis incommodis et maxime iniu-
riis et omne, quod est eius generis.
In communione autem quae posita pars est, iustitia dicitur, eaque 78
erga deos religio, erga parentes pietas, creditis in rebus fides, in
moderatione animi advertendi lenitas, amicitia in benevolentia
nominatur.

(Partitiones oratoriae 76 - 78)

---

duplex, -icis: doppelt, zweifach — **cernere:** scheiden, sondern, genau sehen, einsehen; pass.: erkannt werden, sich zeigen — **calliditas, -atis:** praktische Klugheit, Lebensklugheit — **pollēre:** vermögen, Kraft haben — Ⓚ: zu *quae* ergänze: *virtus* — **moderari:** mäßigen, zügeln — **motus, us** m.: Gemütsbewegung Leidenschaft 5 **temperantia:** Mäßigung, Selbstbeherrschung — **in suis rebus domestica - in publicis rebus civilis ...:** privat - öffentlich, die Allgemeinheit betreffend — **itidem:** ebenso, auf gleiche Weise — **distribuere:** einteilen — **discernere:** unterscheiden — **expetere:** erstreben — Ⓚ: ordne: *non expetendo ea, quae absunt et abstinendo ab iis, quae ...* 10 **malum:** Übel — **obstare:** entgegen stehen, Widerstand leisten — **perferre:** ertragen, aushalten — **patientia:** Ausdauer — **complecti:** umfassen — **magnitudo animi** = μεγαλοψυχία: hoher Mut, Sinn — **simul/que - et:** ebenso sehr - wie — **altitudo animi:** Seelengröße — **incommoda capere:** Unannehmlichkeiten, Unglück erleiden 15 **credere:** borgen, leihen — **res creditae:** geliehenes Gut — **fides, -ei** (akt.): Glaube, Vertrauen, Treue, Zuverlässigkeit; (pass.): Vertrauen, Glaubwürdigkeit, Gewissheit, Sicherheit — **moderatio, -onis:** das Maßhalten, die Mäßigung — **animadvertere** (*in aliquem*): tadeln, bestrafen, vorgehen (gegen jmd.) — **lenitas, -atis:** Milde — **benevolentia:** Zuneigung, Wohlwollen

Die vier Kardinaltugenden *Prudentia, Iustitia, Fortitudo* und *Temperantia* in allegorischer Darstellung – Französische Handschrift von 1403 nach Senecas verlorenem Werk „De officiis“ von Jean Courtecuisse, gewidmet dem Herzog Jean de Berry - Dresden, Sächsische Landesbibliothek.

Frage zur Sprache

Erklären Sie die -nd-Formen in Z. 4, 5, 9, 14!

Aufgaben zur Interpretation

1. Worin besteht die zweifache Anwendungsmöglichkeit der Tugend?
2. Welchem bekannten griechischen Philosophen schreiben Sie die Definition *scientia cernitur virtus* zu?
3. Benennen Sie die im Text genannten vier Kardinaltugenden!
4. Welche einzelnen Tugenden werden der Kardinaltugend der Gerechtigkeit untergeordnet?

Hoffart gegen Demut, Ausschnitt aus einem altdeutschen Teppich vom Kampf der Tugenden und Laster, 14./15. Jhdt., Altes Rathaus, Regensburg.

Auf einem Reittier sitzt die Hoffart mit übereinander getürmten Kronen auf dem Helm, um die Häufung der Macht erkennbar zu machen. Das breite Schwert in der Rechten bedeutet, dass die Hoffart an jedem ihre Gewalt ausüben kann. Der Schild führt den Löwen; in ihrem Banner steht der Adler. Auf dem Kronenaufbau ist ein Pfau zu sehen, das Symbol des Hochmütigen. Im Spruchband ist zu lesen: „Ich bin hochfertig ... und verwegen." Der Hoffart gegenüber steht die Demut, als Schmuck auf dem Helm einen Strauß roter Blüten. Die Schildfigur zeigt den drachentötenden Erzengel Michael, der als Anführer der Engelschar die durch Luzifers Hochmut beleidigte Ehre Gottes rächte. Im Banner ist das kreuztragende Christuskind zu sehen.

4. Platon: Die Seele des Menschen befähigt ihn zur „Tugend"

Die Lehren Platons (428 - 347 v. Chr.), des Sokrates-Schülers, wurden grundlegend für die Philosophie des Abendlandes. Sein zentrales Werk ist die Politeia (Staat), in dem er einen Idealstaat konzipiert, dessen Struktur dem Aufbau der Seele entspricht und der das Spiegelbild einer vollkommenen und gerechten Seele darstellt. Die Tugend der Gerechtigkeit, die er in diesem Werk als der menschlichen Seele eigentümlich vorstellt, ist auch der Grundpfeiler seines Idealstaates. Als literarische Form für seine philosophischen Erörterungen wählte Platon den Dialog, wo in einer lebhaften Wechselrede unter den Gesprächspartnern um das Ergebnis gerungen wird, wobei Platon seinen Lehrer Sokrates sich als Philosophen schlechthin verwirklichen lässt.

SOKRATES: Nun also, denke ich, wirst du besser verstehen, was ich eben mit meiner Frage meinte, ob nicht das eines jeden Leistung sei, was es entweder allein oder am besten von allen verrichtet.
THRASYMACHOS: Ja, nun verstehe ich es; dies scheint mir denn die Leistung einer jeden Sache zu sein.
SOKRATES: Gut. Hat nun nicht deiner Meinung nach jedes Ding, dem irgendeine Leistung zugewiesen ist, auch eine Tugend? Nehmen wir die früheren Beispiele wieder vor. Den Augen, sagen wir, kommt eine Leistung zu?
THRASYMACHOS: Ja.
SOKRATES: Gibt es nun auch eine Tugend der Augen?
THRASYMACHOS: Auch dies.
SOKRATES: Ferner: gab es eine Leistung der Ohren?
THRASYMACHOS: Ja.
SOKRATES: Also auch eine Tugend?
THRASYMACHOS: Auch dies.
SOKRATES: Und wie steht's mit allem Übrigen? Nicht auch so?
THRASYMACHOS: Auch so.
SOKRATES: Also halt! Würden die Augen die ihnen obliegende Leistung gut verrichten, wenn sie nicht die ihnen eigentümliche Tugend haben, sondern statt der Tugend Schlechtigkeit?
THRASYMACHOS: Unmöglich. Denn du meinst doch wohl Blindheit statt der Sehkraft.

Die platonische Akademie. Stahlstich, um 1850, von Johann Poppel.
Die von Platon gegründete Schule befand sich im Nordwesten, vor den Mauern Athens, nahe beim Heiligtum des altattischen Heros Akademos und wurde deshalb Akademie genannt. Diese Einrichtung bestand bis zu ihrer Auflösung im Jahre 529 n. Chr. Platon erläuterte seine Lehre im Lehrervortrag und im Dialog. Zu den Schülern Platons zählten nicht nur spätere Philosophen wie Aristoteles, sondern auch Politiker.

SOKRATES: Gleichviel um welche Tugend es sich handelt; denn danach frage ich noch nicht, sondern danach, ob das Verrichtende mit der ihm eigentümlichen Tugend die ihm obliegende Leistung gut verrichten wird, mit Schlechtigkeit dagegen schlecht.
THRASYMACHOS: Das ist sicher zu bejahen.
SOKRATES: Werden nicht also auch Ohren, wenn sie ihrer eigentümlichen Tugend beraubt sind, ihre Leistung schlecht verrichten?
THRASYMACHOS: Gewiss.
SOKRATES: Auch alles andere beurteilen wir doch wohl ebenso?
THRASYMACHOS: So scheint es mir.
SOKRATES: Wohlan, so erwäge nunmehr Folgendes: Gibt es eine Leistung der Seele, die man schlechthin mit nichts anderem vollziehen kann z.B. das Vorsorgen, Herrschen, Beraten und alles dergleichen - gibt es dafür irgendetwas anderes, dem wir das mit Recht zuweisen und als dessen Eigentümlichkeit wir es bezeichnen könnten?
THRASYMACHOS: Durchaus nichts anderes.
SOKRATES: Und das Leben? Werden wir es nicht für eine Leistung der Seele erklären?
THRASYMACHOS: Durchaus.
SOKRATES: Sprechen wir also der Seele nicht auch eine Tugend zu?
THRASYMACHOS: Das tun wir.

SOKRATES: Wird nun, mein Thrasymachos, die Seele die ihr obliegende Leistung gut vollziehen, wenn sie der ihr eigentümlichen Tugend beraubt ist, oder ist es dann unmöglich?
THRASYMACHOS: Unmöglich.
SOKRATES: Notwendig also muss eine schlechte Seele schlecht regieren und vorsorgen, während die gute alles dies trefflich verrichtet.
THRASYMACHOS: Notwendig.
SOKRATES: Nun haben wir doch eingeräumt, dass Gerechtigkeit Tugend der Seele sei und Ungerechtigkeit ihre Schlechtigkeit?
THRASYMACHOS: Ja, das haben wir eingeräumt.

(Politeia 353 b - e, übersetzt von O. Apelt)

AUFGABE ZUR INTERPRETATION
Mit welchem Vergleich will Platon in dieser Textstelle die spezifisch menschliche Leistungsfähigkeit, die Tugend der Seele, erklären?

5. Aristoteles: „Tugend" ist eine feste Grundhaltung

Aristoteles (384 - 322 v. Chr.), der begabteste Schüler Platons, hat sich neben den anderen Disziplinen der Philosophie auch mit Ethik befasst und seine ethischen Grundsätze in der sogenannten Nikomachischen Ethik zusammengefasst. Darin erklärt er mit ähnlichen Beispielen wie Platon, worin die Trefflichkeit (Tugend) des Menschen besteht. Wenn sich der Mensch den vollkommenen Tugenden gemäß verhält, diese sich durch Lehre aneignet und sie übt, wird er das Ziel der aristotelischen Ethik, das seelische Wohlbefinden, die Eudaimonie (Glückseligkeit), erreichen.

Was die sittliche Tüchtigkeit der Gattung nach ist, haben wir somit festgestellt. Es gilt jedoch nicht nur einfach so auszusprechen, dass sie eine feste Grundhaltung ist, sondern auch zu bestimmen, von welcher Art diese Haltung ist. Man darf nun behaupten, dass jede Tefflichkeit ihrem Träger und dessen Leistung Rang verleiht. So macht z. B. die Trefflichkeit des Auges sowohl das Auge als auch dessen Leistung hervorragend. Denn die Trefflichkeit des Auges ist es ja, die bewirkt, dass wir gut sehen. Ähnlich bewirkt die Trefflichkeit des Pferdes einerseits, dass das Pferd hervorragend ist, andererseits, dass es tüchtig ist im Laufen und im Tragen des Reiters und im Standhalten gegen die Feinde. Wenn dies nun in jedem Falle gilt, so auch gewiss beim Menschen. Dessen Trefflichkeit ist dann jene feste Grundhaltung, von der aus er tüchtig wird und die ihm eigentümliche Leistung in vollkommener Weise zu Stande bringt.

(Nik. Ethik 1106 a 14, übers. von F. Dirlmeier)

AUFGABE ZUR INTERPRETATION

Vergleichen Sie die Definition der Trefflichkeit (Tugend), wie Aristoteles sie bestimmt, mit bereits bekannten Formulierungen!

Miniatur aus einer mittelalterlichen Handschrift der Nikomachischen Ethik (1372): Aristoteles sitzt hier selbst auf dem Katheder und hält an der philosophischen Fakultät der Pariser Sorbonne eine Vorlesung. Der Student mit der Krone auf dem Kopf könnte Alexander der Große sein.

TEXTE

6. Francisco Suárez: Virtus est habitus perficiens rationalem potentiam

Francisco Suárez (1548 - 1617) aus Granada/Spanien, lehrte an verschiedenen Universitäten Philosophie und Theologie. Er ist ein Vertreter der spanischen Barockscholastik (Scholastik ist die in den Schulen des Mittelalters ausgebildete philophisch-theologische Wissenschaft). Suárez behandelt kritisch den gesamten Themenkomplex der scholatischen Philosophie und übernimmt in seinem Werk über die Tugend Anschauungen, die auch schon griechische Philosophen vertraten. Außerdem entwickelte er eine Rechts- und Staatsphilosophie, die Lehre vom Naturrecht, vom Völkerrecht und der Volkssouveränität.

Dico ergo primo, virtus est habitus perficiens rationalem potentiam, et inclinans ad bonum. In praesenti vero significat vim quamdam animi, quia homo fit aptus et idoneus ad opera sua bene praestanda. Haec definitio, ut patebit intuenti, etiam virtutibus intellectus et voluntatis convenit: si tamen eam velimus applicare solum virtutibus moralibus, de quibus praecipue nobis est sermo, dicendum est virtutem esse habitum effectivum, in mediocritate consistentem, prout sapiens determinaverit, quae definitio est Aristotelis. Ex quo etiam patet virtutem residere in potentia rationali, quia illa indifferentia ad bene et male operandum non est nisi in potentia, quae aliquo modo rationem participat. Ex quo etiam satis constat virtutem habitum esse operativum, in quibus omnibus fere sine controversia consentiunt theologi.

(Opera omnia IV, S. 478)

---

habitus, -us m.: erworbene Eigentümlichkeit, persönliche Eigenschaft, — **perficere**(*io*): vollenden, vollkommen machen — **potentia (rationalis):** das Vermögen (geistig) — **inclinare:** neigen, sich zuneigen — ⓚ: Subj. zu *significat: virtus* 5 **patēre:** klar sein — **intuēri:** betrachten — **intellectus, us** m.: Verstand 10 **convenire:** passen **applicare:** zuwenden, anwenden — **praecipuus, a, um:** besonders, ausschließlich — **effectivus, a, um:** von *efficere* (*io*): bewirken, handeln — **habitus effectivus:** Eigenschaft, die etwas bewirkt, handelt 15 **mediocritas, -atis:** Mittelweg — **consistere:** stehen, beruhen — **prout:** sowie — **determinare:** abgrenzen, bestimmen — **residēre:** sitzen — **indifferentia:** Unentschiedenheit — ⓚ: (*ad*) *operandum*: Gerundium 20 **operativus, a, um:** von *operari*: tätig sein, handeln, wirken — **participare:** teilnehmen lassen, teilhaben — **fere:** beinahe — **controversia:** Streit — **consentire:** übereinstimmen

Aufgaben zur Interpretation

1. Welcher in diesem Themenkreis schon behandelte Autor der Antike gebraucht für die Definition der Tugend eine fast gleiche Formulierung?
2. Erklären Sie die *virtutes intellectus et voluntatis!*
3. Was bedeutet *mediocritas* in der Tugendlehre des Aristoteles?

7. Ch. Wolff: Neun Thesen zur „Tugend“

Christian Wolff (1679 - 1754) war als Professor für Philosophie und Mathematik in Leipzig und Halle der gefeiertste Universitätslehrer Deutschlands. In seiner Schrift Philosophia Practica Universalis leitet er das oberste Sittengesetz aus der Vernunft ab. In Anlehnung an Anschauungen der Antike stellt er in kurzen Thesen das Wesen der Tugend dar.

These 1 Virtus est habitus actiones suas legi naturali conformiter dirigendi.

These 2 Virtus pariter ac vitium nonnisi crebro exercitio acquiruntur. Sunt enim virtus et vitium habitus. Enimvero habitus nonnisi exercitio acquiritur.

These 3 Virtus conservatur et perficitur continuo committendo actiones suas legi naturae conformes.

These 4 Virtus amittitur et vitium acquiritur editis continuo actionibus legi naturae contrariis.

These 5 Ad virtutem requiritur constans et perpetua voluntas non committendi actiones, nisi quae legi naturae conformes sunt.

These 6 Qui virtute praeditus est, actiones eas committit, quae tendunt ad sui aliorumque ac status sui et aliorum atque gloriae divinae illustrationem.

T1 **habitus, -us** m.: Haltung, Eigenschaft — **actio, -onis:** Handlung — **conformis, e:** in Übereinstimmung T2 **nonnisi:** nur, bloß — **exercitium:** Übung — **acquirere:** erwerben — **enimvero:** in der Tat T3 **conservare:** erhalten, bewahren — **perficere** (*io*): vollenden — **continuo** (adv.): ununterbrochen, unaufhörlich — **committere** (*actiones*): begehen, vollbringen T4 **edere** (*actiones*): vollbringen, tun — **contrarius, a, um:** entgegengesetzt, widersprechend T5 **requirere:** verlangen, fordern T6 **praeditus, a, um:** begabt, ausgestattet — **tendere (ad):** zielen auf — **status, us** m.: Zustand, Lage — **illustratio, -onis:** von *illustrare*: ans Licht bringen, aufhellen, verherrlichen — Ⓚ: ordne: *tendunt ad illustrationem sui aliorumque ac ...*

These 7 Qui virtute praeditus est, eius actiones liberae inter se et cum naturalibus consentiunt.

These 8 Virtuosus obligationi naturali satisfacit. Enimvero obligatio, quae a lege naturae venit, naturalis est.

These 9 Virtuti deditus semper rectitudinem actionum curae cordique habet, seu omnem curam adhibet, ut actio quaelibet sit recta.

(Philosophia Practica Universalis, Pars Prior, § 321 - § 334)

T7 **consentire:** übereinstimmen T8 **virtuosus:** der mit *virtus* Ausgestattete — **obligatio, -onis:** Verpflichtung — **satisfacere** (*io*): Genüge leisten, nachkommen T9 **deditus, a, um:** ergeben, bedacht auf — **rectitudo, -inis:** Richtigkeit — **habēre (aliquid) curae:** (etwas) als Gegenstand der Sorge betrachten

AUFGABEN ZUR INTERPRETATION

1. Auf welche Weise wird Tugend erworben?
2. Mit welchem Gesetz müssen die Handlungen, die zur Tugend führen, übereinstimmen?
3. Welche Charaktereigenschaft ist nötig, damit man die Tugend erreicht?
4. Erklären Sie den Unterschied zwischen Naturrecht und positivem Recht!

Andrea Mantegna (1431 - 1506), Sieg der Tugend über die Laster, Paris, Louvre

8. N. Hartmann: Antiker Tugendbegriff – ein apriorischer Wertbegriff

Nicolai Hartmann (1882 - 1950) aus Riga lehrte an verschiedenen deutschen Universitäten Philosophie. In seinem Hauptwerk über die Ethik bezeichnet er die Werte im Sinne Platons als ideal existierende Wesenheiten, unabhängig, ob sie der Mensch anerkennt oder nicht.

Die Ethik der Griechen gipfelt in der Lehre von der Tugend. Nach Aristoteles ist Tugend die eigentümliche Qualität des „Verhaltens" (habitus, ἕξις). In der Nikomachischen Ethik, wie in den Fragmenten der Späteren, gibt es eine breit angelegte Phänomenologie des rechten Verhaltens, welche beschreibend den Inhalt, also die „Materie", der einzelnen Tugend festzulegen sucht. Der moderne Mensch kann diesen mannigfach variierten Tugendlehren nicht mehr in allem folgen, sein Wertgefühl ist ein anderes geworden, ihm stehen andere Werte im Vordergrunde. Aber umso weniger ist daran zu zweifeln, dass diese Forschung der Alten nach dem Wesen der Tugend, oder richtiger nach dem Wesen der einzelnen Tugenden im Grunde echte Wertforschung ist - eine Phänomenologie der sittlichen Wertmaterien in ihrer Mannigfaltigkeit.
Geht man der Methode der Alten hierbei genauer ins Einzelne nach, so findet man, dass unter den verschiedenartigen Formen des Verfahrens - auch wo es ein scheinbar empirisches ist — überall ein Kern rein apriorischer Forschung steckt. Der bekannte Unterschied zwischen platonischem und aristotelischem Vorgehen, zwischen reiner Schau der „Idee des Guten" und sorgfältiger Detailarbeit in der Bestimmung des ἀνθρώπινον ἀγαθόν, kann hierbei auch keinen prinzipiellen Gegensatz ausmachen. Auch Aristoteles schöpft die inhaltliche Fülle seiner Tugendbegriffe nicht aus der Empirie, sondern aus den Äußerungen des moralischen Werturteils, aus Lob und Tadel, aus Verehrung und Verachtung, Liebe und Hass; und seine letzten bestimmenden Gesichtspunkte sind rein ideale: das Maß (die „Mitte"), die Energie, das καλόν, das ὡς δεῖ.

Reiner freilich - wenn auch weit weniger in die Mannigfaltigkeit differenziert - spricht sich der Apriorismus der Tugend bei Platon aus: Tugenden sind „Ideen". Aus der Idee der Gerechtigkeit ist sein „Staat" projiziert. Nach den Ideen von Weisheit, Tapferkeit und Besonnenheit scheidet sich menschliches Verhalten in würdiges und unwürdiges. Die Idee des Menschen ist ganz und gar bestimmt durch die Ideen dieser „Tugenden"; sie ist ein der Wirklichkeit gegenübergestelltes apriorisches Ideal.

Dieser Apriorismus der Tugend verliert sich auch in der Stoa nicht, trotz aller Vereinseitigung und inhaltlichen Verarmung. Das „der Natur Folgen" ist nirgends, auch bei den materialistischen Köpfen der Schule nicht, ein Hernehmen der Norm aus gegebener Erfahrung. Es ist die innere Gefolgschaft des endlichen Wesens, die dieses dem absoluten Logos leistet. „Natur" ist nur der Ausdruck für den Inbegriff ewiger, nicht vom Menschen gemachter Gesetze.

Platon, Aristoteles und die Stoa sind es dann, die fast für alle spätere Ethik vorbildlich geblieben sind. Auch die christliche Ethik teilt - bei aller Neuheit des Inhalts - grundsätzlich ihren Apriorismus. Sie zeigt bei Augustin ein mehr platonisches, in der Hochscholastik ein mehr aristotelisches Gesicht. Das sind geringe Unterschiede, die das Prinzip unberührt lassen. Dass sittliche Forderungen hier als Wille Gottes verstanden werden, macht erst recht keinen Unterschied aus. Der Wille Gottes ist eben hier das Vehikel der Werte, nicht anders als bei den Stoikern die „Natur". Haben sich doch beide Auffassungen im späteren Pantheismus fast reibungslos miteinander vereinigen lassen.

Allgemein gesprochen, es ist für die Ethik überhaupt gleichgültig, welche metaphysische Deutung man dem Wertreich gibt, welche religiöse oder philosophische Weltanschauung man dahinter beginnen lässt, - wie sehr auch für den einzelnen Denker das Schwergewicht auf der Weltanschauung liegen mag. Für die Ethik kommt es nur auf die Apriorität der Werte selbst an.

(Ethik, S. 122 f.)

Aufgaben zur Interpretation

Hartmann nimmt an, dass die Werte a priori (von aller Erfahrung unabhängig, vorher schon da) existieren.

1. Wie erklärt Platon, wie Aristoteles, wie die Stoa diese a priori-Werte?
2. Wodurch wird im Christentum das 'a priori' ersetzt?
3. Welche Folgerungen hinsichtlich ihrer Gültigkeit ergeben sich aus der Apriorität der Werte?

Andrea Pisano (1290/95 - 1348/49), 'Fortitudo'. Bronzerelief in Südportal des Baptisteriums (Taufkapelle), Florenz, 1330 von Pisano signiert, von Leonardo d'Avanzo in Bronze gegossen und 1336 aufgestellt. *Fortitudo* wird als Ritter dargestellt, der in der rechten Hand ein Schwert hält, in der linken einen Schild.

9. E. Schockenhoff: Die Tugend des Maßes heute

Eberhard Schockenhoff, geb. 1954, ist Professor für Moraltheologie in Freiburg. Der folgende Text über die Tugend des Maßes ist einem Buch entnommen, das sich mit der Verwendbarkeit der vier alten Kardinaltugenden in unserer Zeit beschäftigt. Es will zeigen, dass diese auch für die heutigen Probleme noch Orientierungshilfe bieten können.

Anders als einer Blume oder einem Quarz ist dem Menschen die innere Ordnung seines Daseins nicht einfach gegeben oder von seiner Natur her vorgezeichnet. Sie ist vielmehr seiner eigenen Verantwortung anvertraut. Er muss die seinem Leben förderliche Balance in Freiheit und Vernunft selbst entdecken. Dabei wird er die merkwürdige Erfahrung machen, dass die gleichen Kräfte, die das Leben erhalten, es auch bedrohen und zerstören können. Die menschlichen Leidenschaften sind nicht wie die Instinkte des tierischen Organismus von sich aus auf ein zuträgliches, dem Leben dienliches Maß ausgerichtet. Im Tierreich sorgt die Instinktsicherung der Natur für das Überleben der Art und die Anpassung der einzelnen Exemplare an ihre jeweiligen Umweltbedingungen. Auf der Ebene des seiner selbst bewussten Geistes muss der Mensch das Maß einer gerechten Lebensordnung, in der sein Leben gelingen kann, dagegen selbst aufrichten.
Das Maß einer kultivierten Lebensordnung, in der Genießen und Maßhalten unaufgebbar zusammengehören, erfordert schließlich die Fähigkeit zu Selbstbeschränkung und freiwilligem Verzicht. Dazu gehört auch die Bereitschaft, sich die Erfüllung legitimer Wünsche zu versagen und auf etwas zu verzichten, das mir an sich durchaus zustehen würde. In einer Zeit, in der uns von interessierter Seite gesagt wird, nur im Jasagen zu allen Lebenslagen unserer Psyche und in der Annahme der eigenen seelischen Bedürfnisse lasse sich ein angstfreies Leben verwirklichen, hat das Wort Verzicht einen harten Klang. Es erinnert mich daran, dass ich nicht zu allen Sehnsüchten und Wünschen ja sagen darf, die aus den Tiefen meiner Seele in mir aufsteigen. Die Illusion, wir könnten leichtfüßig durch das Leben gehen, ohne jemals nein zu uns selbst sagen zu müssen, entspricht nicht der Lebenslehre des

Evangeliums. Der reiche junge Mann, von dem Jesus die Absage an den lieb gewonnenen Luxus verlangt, geht traurig von Jesus weg. Sein Herz hängt an Besitz und Reichtum; er ist noch nicht frei geworden für die Freude des Reiches Gottes, die sich dem Genuss anderer wertvoller Dinge versagt. Solcher Verzicht erfordert oft einen langen und mühsamen Ablösungsprozess, bis das Loslassen aus voller Freiheit gegenüber dem, was uns zustehen würde, gelingt. Es erfordert harte Arbeit an der eigenen Lebensgeschichte, bis die Traurigkeit, die das Loslassen begleitet, von der Freude über die neu gewonnene Freiheit verdrängt wird. Kein Leben wird ohne Verzicht und Selbstbeschränkung gelingen - wer uns anderes sagt, meint es nicht gut mit uns. Doch behält die Notwendigkeit des Neinsagens nicht das letzte Wort - auch wer Erziehung zur Tugend mit reinem Pflichtbewusstsein verwechselt, meint es nicht gut mit uns. In dem Bild des guten Lebens, für das die alte Tugend des rechten Maßes uns die Augen öffnen möchte, geht es um ein Ja - um das Ja zur menschengerechten Ordnung des Lebens, die Maß nimmt an dem guten Gott und seiner Schöpfung. Weil es ein Maß des Menschlichen gibt, das wir nicht verändern, sondern nur verlieren können, gehört es zur Würde des Menschen, sein Maß erkennen und in seinen Grenzen leben zu dürfen.

(E. Schockenhoff, Maß, in: N. Kutschki, Kardinaltugenden, S. 41 ff.)

Aufgaben zur Interpretation

1. Warum muss der Mensch im Gegensatz zum Tier die innere Ordnung seines Daseins selber schaffen?
2. Was schließt die Tugend des Maßes in unserer Lebensordnung auch ein?
3. Inwiefern gehört die Tugend des Maßes zur Würde des Menschen?
4. Erklären Sie die Symbole der *Fortitudo* (S. 58) und der *Temperantia* (S. 59)!

Andrea Pisano, 'Temperantia'. Bronzerelief am Südportal des Baptisteriums (Taufkapelle) in Florenz. Die *Temperantia* wird als sitzende Frauengestalt dargestellt, die ein Schwert in der Hand hält, das tief in der Scheide steckt.

Literaturhinweise

Kutschki, N.: Kardinaltugenden, alte Lebensmaximen neu gesehen - Würzburg 1993
Pieper, J.: Das Viergespann, Klugheit, Gerechtigkeit, Tapferkeit, Maß - München 1964
Platon: Der Staat (Politeia), übersetzt von Vretska, K. - Stuttgart 1985

officium

Pflicht ist die Notwendigkeit einer
Handlung aus Achtung für das Gesetz
(Kant)

Adam Krafft (1460 - 1509), Selbstbildnis (Tragefigur) am Sakramentshaus in St. Lorenz, Nürnberg 1496. Am 20 m hohen Sakramentshaus der Lorenzkirche in Nürnberg stellt sich Krafft am Fuße seines Werkes selbst dar als freiplastische, knieende Tragefigur (90,5 cm hoch), nach in Demut getaner Pflicht. Aus seinem Antlitz aber spricht schon das Ichgefühl der Neuzeit und das Bewusstsein, einer großen Aufgabe gedient zu haben.

Einführung

Der Mensch wird schon in der Kindheit mit Sollensforderungen konfrontiert, die 'von außen' kommen, dass er z. B. den Eltern gehorchen, notleidenden Menschen helfen, auf Sauberkeit und Ordnung achten soll u. a. Diese Erwartungen der Eltern, der Gesellschaft u. a. werden im Laufe der Entwicklung 'verinnerlicht', d. h. das 'du sollst' wird jetzt als aus dem eigenen Ich kommend empfunden und von der Vernunft als notwendig anerkannt. Genauso haben die Stoiker die Pflicht (καθῆκον) aus der Natur des Menschen abgeleitet und sie als eine sittliche Handlung definiert, die der vernünftigen Menschennatur ansteht und wohl begründet ist.
Der Römer Cicero hat dieses griechische Wort (καθῆκον) mit dem lateinischen 'officium' (von: *opus facere*) übersetzt, was früher 'das der Rolle gemäße Tun', bald auch 'das bindend auferlegte Tun, sittliche Verbindlichkeit' bedeutete. Die Verwirklichung des Pflichtgedankens im privaten und öffentlichen Leben hat viel zur Geltung Europas in der Welt beigetragen.

TEXTE

1. Cicero: Definire, quid sit officium

In seiner unfreiwilligen Muße des Jahres 44 v. Chr. (Bürgerkrieg) beschäftigte sich Cicero mit Philosophie und verfasste mehrere philosophische Schriften, u.a. auch das Werk *De officiis,* das er in Anlehnung an den griechischen Philosophen Panaitios geschrieben und seinem damals in Athen weilenden Sohn Marcus gewidmet hat.

Placet igitur, quoniam omnis disputatio de officio futura est, ante 7
definire, quid sit officium; quod a Panaetio praetermissum esse miror. Omnis enim, quae ratione suscipitur de aliqua re institutio, debet a definitione proficisci, ut intellegatur, quid sit id, de quo disputetur.
Omnis de officio duplex est quaestio: unum genus est, quod pertinet ad finem bonorum, alterum, quod positum est in praeceptis, quibus in omnes partes usus vitae conformari possit. Superioris generis huius modi sunt exempla: omniane officia perfecta sint, num quod officium aliud alio maius sit et quae sunt generis eiusdem.

---

placet: man befindet für gut, es erscheint richtig — **disputatio, -onis:** von *disputare* — **Panaitius** (ca. 180 - 110 v. Chr.): stoischer Philosoph aus Rhodos — Ⓚ: *omnis* (*enim*) erg.: *institutio* — **institutio, -onis:** Unterweisung — **ratione:** (hier) methodisch, wissenschaftlich — **proficisci:** ausgehen von   5 **quaestio, -onis:** wissenschaftliche Untersuchung — **finis bonorum** = *summum bonum* — **positum esse:** beruhen auf — **usus vitae:** Lebensführung, Lebenspraxis — **conformare:** bilden, gestalten **officia perfecta:** vollkommene Pflichten (κατορθώματα)   10 **quod** = *ali-quod*

Quorum autem officiorum praecepta traduntur, ea quamquam pertinent ad finem bonorum, tamen minus id apparet, quia magis ad institutionem vitae communis spectare videntur; de quibus est nobis his libris explicandum.

Atque etiam alia divisio est officii. Nam et medium quoddam offi- 8
cium dicitur et perfectum. Perfectum officium rectum, opinor, vocemus, quoniam Graeci κατόρθωμα, hoc autem commune officium καθῆκον vocant. Atque ea sic definiunt, ut, rectum quod sit, id officium perfectum esse definiant; medium autem officium id esse dicunt, quod, cur factum sit, ratio probabilis reddi possit.

(De off. 1, 7 - 8)

---

quorum ... officiorum: entspricht *superioris generis* — **apparet:** es ist klar — **institutio vitae communis:** Gestaltung des praktischen Lebens — **spectare ad:** sich beziehen auf, zielen auf 15 **explicare:** entwickeln — **medium officium:** = καθῆκον — **perfectum officium:** = κατόρθωμα — Ⓚ: ordne: *definiunt, ut id officium ... definiant, quod rectum sit* — **probabilis:** wahrscheinlich, glaubhaft 20 **ratio probabilis:** vernünftige Begründung — Ⓚ: ... *id esse dicunt, quod ratio probabilis reddi possit, cur factum sit* — **reddere:** wiedergeben, vorbringen

Frage zum Stil

Welches Stilmittel erkennen Sie in: *Omnis enim, quae ... instituto ...*? (Z. 3)

Aufgaben zur Interpretation

1. Welcher Begriff wird mit *pertinet ad finem bonorum* umschrieben? (Z. 12/13)
2. Welchem Teil der Ethik ordnen Sie den Satz *in praeceptis, quibus ... usus vitae conformari possit* ... zu? (Z. 7/8)
3. Definieren Sie den Ausdruck *medium officium.*

2. Cicero: Officium an utilitas?

Im 3. Buch seiner Schrift *De officiis* behandelt Cicero den Konflikt zwischen dem *honestum* und dem *utile* und führt dazu u. a. das historische Beispiel des Regulus an.

M. Atilius Regulus cum consul iterum in Africa ex insidiis captus 99
esset duce Xanthippo Lacedaemonio, imperatore autem patre Hannibalis Hamilcare, iuratus missus est ad senatum, ut, nisi redditi essent Poenis captivi nobiles quidam, rediret ipse Carthaginem. Is cum Romam venisset, utilitatis speciem videbat, sed eam, ut res declarat, falsam iudicavit; quae erat talis: manere in patria, esse domui suae cum uxore, cum liberis, quam calamitatem accepisset in bello, communem fortunae bellicae iudicantem tenere consularis dignitatis gradum. Quis haec negat esse utilia? quem censes? Magnitudo animi et fortitudo negat.

Num locupletiores quaeris auctores? Harum enim est virtutum pro- 100
prium nihil extimescere, omnia humana despicere, nihil, quod homini accidere possit, intolerandum putare. Itaque quid fecit? In senatum venit, mandata exposuit, sententiam ne diceret, recusavit; quam diu iure iurando hostium teneretur, non esse se senatorem. Atque illud etiam ('o stultum hominem', dixerit quispiam, 'et repugnantem utilitati suae!'), reddi captivos negavit esse utile; illos enim adulescentes esse et bonos duces, se iam confectum senectute. Cuius cum valuisset auctoritas, captivi retenti sunt, ipse Carthaginem rediit, neque eum caritas patriae retinuit nec suorum. Neque vero tum ignorabat se ad crudelissimum hostem et ad exquisita supplicia proficisci, sed ius iurandum conservandum putabat.

(De off. 3, 99 - 100)

M. Atilius Regulus: Konsul 267 v. Chr. Als Ersatzkonsul des Jahres 256 v. Chr. geriet er bei einer Expedition nach Afrika in die Gefangenschaft der Karthager — **iterum:** zu *consul* — **Xanthippus Lacedaemonius:** spartanischer Söldnerführer in Diensten Karthagos — **iuratus:** einer, der geschworen hat — Ⓚ: ordne: *iuratus, ut ... rediret* — **captivus:** Kriegsgefangener 5 **species utilitatis:** scheinbarer Nutzen — **res, rei:** Tatsache — **quae erat talis** = *species utilitatis* — **domui** = *domi* — Ⓚ: ordne: (*eam*) *calamitatem quam ... accepisset, communem ... iudicantem*; auf das Subj. der Infinitivkonstruktion zu beziehen: er — **tenēre:** beibehalten — **quem censes:** wer, meinst du wohl? 10 **locuples, -etis:** gewichtig, zuverlässig — **extimescere:** in Furcht geraten — **despicere**(*io*): verachten — **intolerandus, a, um:** unerträglich — **recusare, ne:** ablehnen 15 Ⓚ: *se non esse senatorem*: abhängig von einem aus *recusavit*: abzuleitenden Ausdruck des Sagens — **confectus, a, um** (*senectute*): verbraucht, zermürbt 20 **caritas, -atis:** Liebe — **exquisitus, a, um:** ausgesucht, ärgste (*supplicia*) — **supplicium:** Bestrafung, Marter, Qual

FRAGE ZUR SPRACHE

Welches Satzglied vertreten die Infinitive *manēre* (Z. 6), *esse* ... (Z. 6), *tenēre* (Z. 8) und *extimescere* (Z. 12), *despicere* (Z. 12), *putare* (Z. 13)?

AUFGABEN ZUR INTERPRETATION

1. Stellen Sie die lateinischen Ausdrücke für den scheinbaren Nutzen und für die Tugendpflichten gegenüber!
2. Worin besteht im obigen Fall der Konflikt zwischen dem *honestum,* der sittlichen Pflicht, und dem *utile,* dem persönlichen Nutzen?
3. Nennen Sie Ihnen bekannte Beispiele aus dem privaten und öffentlichen Leben, wo ähnliche Gewissenskonflikte vorlagen?

ERGÄNZENDE TEXTE

3. Sokrates: Es ist Pflicht, den Gesetzen zu gehorchen

Platon (427 - 347 v. Chr.) hat den Dialog als Form seiner Veröffentlichungen gewählt, in denen er seinen Lehrer Sokrates die wichtigsten Aussagen vortragen lässt. In dem Dialog 'Kriton', dem der folgende Text entnommen ist, wird der zum Tode verurteilte Sokrates vor die Frage gestellt, aus dem Gefängnis zu fliehen oder die Flucht abzulehnen. In Kap. 54 lässt Platon die personifizierten Gesetze auftreten und mit Sokrates sprechen.

Sokrates: Auf Grund des Eingeräumten ist nun zu erwägen, ob mir ein Recht 48
zusteht zu dem Versuche, von hier zu entweichen ohne Erlaubnis der Athener oder ob ich kein Recht dazu habe. Und stellt es sich heraus, dass ich ein Recht dazu habe, dann wollen wir den Versuch machen, wo nicht, so muss er unterbleiben. Was aber die Rücksichten auf Geldaufwand, auf böse Nachrede und Kindererziehung anlangt, von denen du redest, so handelt es sich da vielleicht tatsächlich, mein Kriton, um Anschauungen von Leuten, die leichthin den Tod verhängen und den Toten dann wieder ins Leben zurückrufen möchten, wenn sie dazu nur im Stande wären, Leute ohne eine Spur von Verstand, eben echte Massenmenschen. Wir aber haben, im Einklang mit der Entscheidung der gesunden Vernunft, unser Augenmerk auf nichts anderes zu richten als auf

die eben aufgeworfene Frage, ob wir gerecht handeln, wenn wir denen, die uns von hier fortschaffen wollen, Geld zahlen und auch noch Dank hinzufügen und wenn wir beide das Entweichen betreiben, du als Befreiender und ich als Flüchtling, oder ob wir in Wahrheit wider das Recht handeln, wenn wir uns auf alles dies einlassen. Sollte es sich herausstellen, dass wir daran Unrecht täten, dann darf es für uns, gegenüber der Versündigung durch Unrechttun, gar nicht in Betracht kommen, ob unser ruhiges Ausharren für uns den Tod oder sonst irgendwelches Leid mit sich bringt.
Kriton: Du hast Recht, Sokrates, wie mir scheint. Sieh nur zu, was wir zu tun haben.

„Nein, Sokrates, folge uns, deinen Erziehern. Achte weder Kinder noch das 54
Leben noch sonst etwas höher als das Recht. Dann kannst du, wenn du nach dem Hades kommst, dich auf alles dies berufen zur Rechtfertigung vor den dortigen Herrschern. Denn weder hier auf Erden kann es dir oder sonst einem der Deinigen Vorteil bringen oder als gerecht oder gottesfürchtig erscheinen, wenn du dein Vorhaben (der Flucht) weiter verfolgst, noch wird es dir nach deiner Ankunft im Jenseits dort Vorteil bringen. Nein, denn jetzt scheidest du, wenn du scheidest, von hier als ein Mensch, dem Unrecht geschehen, nicht durch uns, die Gesetze, sondern durch Menschen. Scheidest du aber nach Verübung so schmählicher Wiedervergeltung und Rache, nach Bruch der von dir gegebenen Zusagen und des mit uns geschlossenen Übereinkommens, nach Vollführung von Freveltaten gegen diejenigen, die es am wenigsten verdienten, gegen deine Freunde, gegen dein Vaterland und gegen uns, so werden nicht nur wir, solange du noch auf Erden weilst, dir zürnen, sondern auch unsere dortigen Brüder, die Gesetze im Hades, werden dich nicht freundlich empfangen; denn sie haben Kunde davon, dass du, soviel an dir lag, auf unsere Vernichtung hingearbeitet hast. Lass dich also nicht von Kriton verleiten, seinem Rate vor dem unseren den Vorzug zu geben."

(Platon, Kriton 48 b - d, 54 b - d, übersetzt von O. Apelt)

Aufgaben zur Interpretation

1. Von welcher höheren Sphäre aus betrachtet Sokrates das Problem, ob er aus dem Gefängnis fliehen oder bleiben soll (48)?
2. Was muss nach der Meinung der Gesetze (54) oberste Richtschnur bei einer solchen Entscheidung sein?
3. Inwiefern würde Sokrates im Falle der Flucht nach der Aussage der Gesetze auch diese zu Grunde richten?

4. I. Kant: Der kategorische Imperativ der Pflicht

Immanuel Kant (1724 - 1804) aus Königsberg ist einer der bedeutendsten deutschen Philosophen. Ein Schwerpunkt seiner Philosophie war neben vielen anderen philosophischen Gegenständen die Ethik, für die er strenge Normen festsetzte; eine davon ist sein oft zitierter Pflichtbegriff.

a) Alle Imperative gebieten entweder hypothetisch oder kategorisch. Jene stellen die praktische Notwendigkeit einer möglichen Handlung als Mittel zu etwas anderem, was man will (oder doch möglich ist, dass man es wolle), zu gelangen vor. Der kategorische Imperativ würde der sein, welcher eine Handlung als für sich selbst, ohne Beziehung auf einen anderen Zweck, als objektiv-notwendig vorstellt.
b) Handle nur nach derjenigen Maxime, durch die du zugleich wollen kannst, dass sie ein allgemeines Gesetz werde.
c) Handle so, als ob die Maxime deiner Handlung durch deinen Willen zum allgemeinen Naturgesetze werden sollte.
d) Handle so, dass du die Menscheit, sowohl in deiner Person als in der Person eines jeden anderen, jederzeit zugleich als Zweck, niemals bloß als Mittel brauchtest.
e) Handle so, dass die Maxime deines Willens jederzeit zugleich als Prinzip einer allgemeinen Gesetzgebung gelten könne.

(Grundlegung zur Metaphysik der Sitten und Kritik der praktischen Vernunft)

5. I. Kant: Pflichten des Menschen gegen sich selbst

Denn setzet: es gebe keine solche Pflichten, so würde es überall gar keine, auch keine äußere Pflichten geben. — Denn ich kann mich gegen andere nicht für verbunden erkennen, als nur sofern ich zugleich mich selbst verbinde; weil das Gesetz, kraft dessen ich mich für verbunden achte, in allen Fällen aus meiner eigenen praktischen Vernunft hervorgeht, durch welche ich genötigt werde, indem ich zugleich der Nötigende in Ansehung meiner selbst bin.
Der Mensch betrachtet sich, in dem Bewusstsein einer Pflicht gegen sich selbst, als Subjekt derselben, in zwiefacher Qualität: erstlich als Sinnenwesen, d. i. als Mensch (zu einer der Tierarten gehörig); dann aber auch als

Vernunftwesen (nicht bloß vernünftiges Wesen, weil die Vernunft nach ihrem theoretischen Vermögen wohl auch die Qualität eines lebenden körperlichen Wesens sein könnte), welches kein Sinn erreicht und das sich nur in moralisch-praktischen Verhältnissen, wo die unbegreifliche Eigenschaft der Freiheit sich durch den Einfluss der Vernunft auf den innerlich gesetzgebenden Willen offenbar macht, erkennen lässt.

Der Mensch nun, als vernünftiges Naturwesen (homo phaenomenon), ist durch seine Vernunft, als Ursache, bestimmbar zu Handlungen in der Sinnenwelt und hiebei kommt der Begriff einer Verbindlichkeit noch nicht in Betrachtung. Eben derselbe aber seiner Persönlichkeit nach, d. i. als mit innerer Freiheit begabtes Wesen (homo noumenon) gedacht, ist ein der Verpflichtung fähiges Wesen und zwar gegen sich selbst (die Menschheit in seiner Person) betrachtet, so dass der Mensch (in zweierlei Bedeutung betrachtet), ohne in Widerspruch mit sich zu geraten (weil der Begriff von Menschen nicht in einem und demselben Sinn gedacht wird), eine Pflicht gegen sich selbst anerkennen kann. [...]

Der erstere Grundsatz der Pflicht gegen sich selbst liegt in dem Spruch: lebe der Natur gemäß (naturae convenienter vive), d. i. erhalte dich in der Vollkommenheit deiner Natur, der zweite in dem Satz: mache dich vollkommner, als die bloße Natur dich schuf (perfice te ut finem; perfice te ut medium).

(Metaphysik der Sitten)

Aufgaben zur Interpretation

1. Wie sollen die Handlungen des kategorischen Imperativs beschaffen sein?
2. Womit sollen die moralischen Regeln (Maximen), die jeder für sich subjektiv aufstellt, übereinstimmen?
3. Aus welcher menschlichen Anlage geht das moralische Gesetz hervor?
4. Warum ist der Mensch ein der Verpflichtung gegen sich selbst fähiges Wesen?
5. Wie lauten die zwei Grundsätze der Pflicht gegen sich selbst?

Der Grabstein Immanuel Kants in Königsberg mit einem Zitat aus der Kritik der Praktischen Vernunft

6. O. F. Bollnow: Pflichten - an die Gemeinschaft gebunden

Otto Friedrich Bollnow, geb. 1903 in Stettin, lehrte an verschiedenen deutschen Universitäten und beschäftigte sich vor allem mit der philosophischen Anthropologie und Ethik. Der kategorische Imperativ Kants ist für ihn gekennzeichnet durch „jenen Geist der Unbedingtheit und ist als Ausdruck des preußischen Geistes eine besonders hochethische Aufgipfelung des Pflichtgedankens, aus dem auch die Gefahr des Pflichtgedankens entspringt, die blinde Pflichterfüllung, die ihren Sinn in ihr selber sieht". In seinem Werk „Einfache Sittlichkeit" will er die ursprüngliche Form des Pflichtgedankens in seiner elementaren, einfachen Gestalt wieder sichtbar machen.

Wenn man von der noch durch keinerlei philosophische Fragestellung belasteten Auslegung ausgeht, wie sie das Pflichtbewusstsein in den Redewendungen der lebendigen Sprache gefunden hat, dann ist von einer solchen Allgemeinheit einer für alle Menschen in gleicher Weise geltenden Pflicht überhaupt nicht die Rede. Man spricht davon, dass ein Mensch pflichteifrig und pflichtvergessen sei, dass er seine Pflicht in sträflicher Weise vernachlässige. In diesem Sinn kann man sogar in einem gewissen tadelnden Unterton sagen, dass ein Mensch zwar seine Pflicht, aber auch kein bisschen darüber hinaus tue, und meint damit offensichtlich, dass das durch die Pflicht vorgeschriebene Maß nicht ganz ausreichend sei. Hier wird also die Pflicht als etwas ganz bequem Erfüllbares verstanden, was gar nichts von der übersteigernden Größe des hohen Ethos an sich hat. Die Pflicht aber ist hier in jedem Fall etwas ganz Bestimmtes: Der Mensch hat Pflichten als Vater seiner Kinder, als Sohn seiner kranken Eltern, als Beamter, als Soldat, als Angehöriger eines Berufs, als Bürger eines Staats, als Glied einer Kirche, als Wirt seiner Gäste, als Benutzer der öffentlichen Verkehrsmittel und so fort in immer neuen Wendungen. Diesen Pflichten des einen Teils entsprechen dann umgekehrt die Rechte des Andern. Der Pflicht der Eltern entspricht ein Recht der Kinder auf Ausbildung und Unterhalt, und so entsprechend auch in allen andern angeführten Beispielen. Wozu der eine Pflicht hat, darauf hat der Andre auch ein Recht. Die Rechte und Pflichten entsprechen einander so genau, dass es nur die Verschiedenheit des Blickpunkts ist, ob man in dem einen und einheitlichen Bezug das Recht oder die Pflicht hervorhebt.

Mit der hier entwickelten Bindung der Pflicht an die Gliederung des Gemeinschaftslebens erledigen sich sehr einfach einige Streitfragen, die in der Geschichte der Ethik eine Rolle gespiegelt haben. Pflichten, die der Mensch vor sich selber hätte, gibt es nicht und das damit in schiefer Weise angesprochene Problem muss in andrer Weise geklärt werden. Der einsame Mensch kennt keine Pflichten. Und ebenso wenig hat der Mensch eine Pflicht in seiner Eigenschaft als Mensch, sofern darunter nur etwas verstanden wird, was er in Bezug auf sich selbst seiner Würde schuldig sei, wohl aber gibt es eine Pflicht der Menschlichkeit, die sich als eine allgemeinste Form überall dort ergibt, wo er einem andern Menschen in einer durch keine spezielleren Bezüge schon vorbestimmten Weise gegenübertritt, die Pflicht zur gastlichen Aufnahme des Fremdlings, allgemein zur Vermeidung jeder Rohheit in der Behandlung auch des fremden Mitmenschen. (Einfache Sittlichkeit, S. 32, 33, 35)

Aufgaben zur Interpretation

1. Wie zeigt sich die Auffassung vom Pflichtgedanken in den Redewendungen der Alltagssprache, ohne Rücksicht auf die philosophische Fragestellung?
2. Gegenüber welcher menschlichen Gliederung allein besteht nach Bollnow die Bindung an die Pflicht? Welches ist dabei die einfachste Form der Pflicht?
3. Warum gibt es nach Bollnow im Vergleich zu Kant keine Pflichten des Menschen gegen sich selbst?

7. W. K. Frankena: Sokrates' drei Argumente gegen die Flucht

William K. Frankena, geb. 1908, ist Professor für Philosophie an der Universität Michigan (USA). In seiner Moralphilosophie leitet er die Werte nicht - wie Hartmann (vgl. Seite 56 Einleitung) - aus dem Reich der Ideen ab. Als Beispiel für seine analytische Ethik wählt er das uns schon bekannte Problem des Sokrates aus Platons Kriton.

Nehmen wir an, Sie haben sich Ihr ganzes Leben lang bemüht, ein guter Mensch zu sein, Ihre Pflicht nach bestem Wissen zu erfüllen und an das Wohl Ihrer Mitmenschen zu denken. Angenommen auch, viele Ihrer Mitmenschen sind gegen Sie, Ihr Tun missfällt ihnen, sie sehen in Ihnen gar eine Gefahr für die Gesellschaft, ohne jedoch beweisen zu können, dass Sie es sind. Nehmen wir ferner an, Sie werden angeklagt, vor Gericht gestellt und von einem Geschworenengericht von Ihresgleichen zum Tode verurteilt, und zwar in einer Weise, die Ihnen mit Recht ungerecht erscheint. Angenommen schließlich, Ihre Freunde haben, während Sie in der Haft auf die Urteilsvollstreckung warten, alles vorbereitet, damit Sie fliehen und mit Ihrer Familie ins Exil gehen können. Ihre Freunde machen geltend, dass sie die nötigen Bestechungsgelder aufbringen können und sich durch die Beihilfe zu Ihrer Flucht keiner Gefahr aussetzen; dass Sie das Leben noch länger genießen können, wenn Sie fliehen; dass es für Ihre Frau und für Ihre Kinder besser wäre; dass Ihre Freunde Sie weiterhin besuchen können, und dass man im Allgemeinen für Ihre Flucht sein wird. Würden Sie die Gelegenheit ergreifen?

Ein Beispiel ethischen Philosophierens (Sokrates)

In dieser Lage befindet sich Sokrates, der Vater der Moralphilosophie, zu Beginn von Platons Dialog „Kriton". Dieser Dialog gibt uns Antwort auf unsere Frage und berichtet ausführlich, welche Überlegungen Sokrates zu dieser Antwort kommen lassen; er eignet sich daher gut als Ausgangspunkt unserer Untersuchung. Sokrates macht zunächst einige Bemerkungen über das geeignete Verfahren zur Behandlung der Frage. (1) Wir dürfen uns bei unserer Entscheidung nicht von Gefühlen beeinflussen lassen, wir müssen vielmehr die Frage untersuchen und uns allein von Argumenten leiten lassen. Wir müssen versuchen, die reinen Fakten zu ermitteln und einen klaren Kopf zu behalten. Fragen wie diese kann und soll die Vernunft entscheiden. (2) Wir

„Der Tod des Sokrates", Gemälde von Jacques Louis David, 1787, New York, Metropolitan Museum of Art. – Sokrates war nach Meinung antiker Autoren der erste Philosoph, der durch ein Todesurteil endete. Während seine anwesenden Schüler traurig und verzweifelt waren und ihn zur Flucht zu überreden versuchten, trank Sokrates gelassen, den Gesetzen gehorsam, den tödlichen Giftbecher, eine Haltung, derentwegen ihn auch noch die Nachwelt bewundert.

können uns in solchen Fragen nicht auf das berufen, was Leute im Allgemeinen darüber denken; sie können sich irren. Wir müssen versuchen, eine Antwort zu finden, die wir selbst als richtig ansehen können. Wir dürfen uns das Denken nicht von anderen abnehmen lassen. (3) Wir sollten nie tun, was moralisch falsch ist. Nur die Frage, ob unser Verhalten richtig oder falsch ist, müssen wir beantworten, nicht aber, was mit uns geschehen wird, was die Leute von uns denken werden oder mit welchen Gefühlen wir dem Vorgefallenen gegenüberstehen.

Hiernach gibt Sokrates im Wesentlichen drei Argumente dafür, dass er nicht durch seine Flucht die Gesetze brechen sollte. (1) Wir sollten nie jemanden schädigen. Sokrates' Flucht würde den Staat schädigen, denn sie wäre eine Verletzung und eine Missachtung der Staatsgesetze. (2) Lebt man auf Dauer in einem Staat, den man verlassen könnte, so erklärt man sich stillschweigend einverstanden, den Gesetzen dieses Staates zu gehorchen; würde Sokrates fliehen, so bräche er demnach eine Abmachung, und so etwas sollte man nicht tun. (3) Die Gesellschaft und der Staat, denen man angehört, haben praktisch die Funktion von Eltern oder Lehrern, und seinen Eltern und Lehrern sollte man gehorchen.

In jedem dieser Argumente beruft sich Sokrates auf eine allgemeine moralische Regel, die er und sein Freund Kriton nach reiflicher Überlegung als gültig anerkennen: (1) Wir sollten nie jemanden schädigen, (2) wir sollten unsere Versprechen halten und (3) wir sollten unseren Eltern und Lehrern Gehorsam und Respekt erweisen. In allen drei Fällen zieht er noch eine weitere Prämisse heran, die eine Tatsachenbehauptung ist und die Regel auf den gegebenen Fall anwendet: (1) Wenn ich fliehe, füge ich der Gesellschaft Schaden zu, (2) wenn ich fliehe, breche ich ein Versprechen, und (3) wenn ich fliehe, erweise ich mich ungehorsam gegenüber meinen Eltern und Lehrern. Hieraus schließt er auf das, was er in seiner besonderen Lage tun sollte. Wir haben hier ein Musterbeispiel ethischer Argumentation vor uns.

(Analytische Ethik, S. 69 ff.)

AUFGABEN ZUR INTERPRETATION

1. Welche drei Vorüberlegungen stellt Sokrates an, bevor er sich entscheidet?
2. Welche drei Argumente führt Sokrates an, dass er die Gesetze nicht brechen dürfe?
3. Welche drei allgemeinen moralischen Regeln liegen der Überlegung des Sokrates zu Grunde?
4. Welche Einstellung zu den Gesetzen haben dagegen die Sophisten Antiphon (frg. 44) und Kallikles (= Platon, Gorgias 483 - 484 b)?

8. Richard von Weizsäcker: Pflichten gegenüber den neuen Bundesländern

Richard Freiherr von Weizsäcker, geb. 1920, Jurist, war als aktiver evangelischer Christ u. a. auch Präsident des Deutschen Evangelischen Kirchentages. 1969 begann er seine politische Laufbahn als Mitglied des Deutschen Bundestages, war von 1981 - 1984 Regierender Bürgermeister von Berlin (West) und wurde 1984 von der Bundesversammlung zum Bundespräsidenten gewählt. In diesem Amt, das er bis 1994 innehatte, betonte er während des Prozesses der Vereinigung Deutschlands besonders die Notwendigkeit des Teilens.

[...] In der alten Bundesrepublik hatte es bald nach dem Krieg zugunsten der Heimatvertriebenen aus den Ostgebieten einen großen Lastenausgleich nicht aus dem Einkommen, sondern aus dem Vermögen gegeben, und dies zu einer Zeit, als der Wohlstand im Westen noch weit weniger als heute verbreitet war.

Berlin, die Nacht vom 2. auf 3. Oktober 1990. Tausende feiern vor dem Reichstagsgebäude. Der Tag der Deutschen Einheit wurde am 3. Oktober 1990 mit einem Staatsakt feierlich begangen.

An der Bereitschaft zu vergleichbaren Leistungen, die auch die meisten privaten Haushalte berühren, wird sich vieles für den Vereinigungsprozess entscheiden, nicht nur für den materiellen Erfolg, sondern auch für das innere Zusammenwachsen. Denn so richtig die Aussage auch ist, dass man im Westen für den erreichten Wohlstand jahrzehntelang hart gearbeitet hat, so geschah dies doch in voller Freiheit unter der Gunst der internationalen Lage, mit starker anfänglicher Unterstützung durch den Marshall-Plan und mit Hilfe der Dynamik des sich öffnenden Marktes der Europäischen Gemeinschaft. Das alles waren Bedingungen, die im Osten ohne Schuld der Menschen gefehlt hatten. Und was hat es für einen Sinn, dass wir in unser Grundgesetz geschrieben hatten, wir würden auch für jene Deutschen handeln, denen die Mitwirkung versagt war, wenn wir das im Westen nur so auslegen, dass die Arbeit für unseren Wohlstand nur für uns alleine gedacht war? [...] Im Mai 1989, zum 40. Geburtstag der alten Bundesrepublik, war der Mut nicht gefragt. Denn wir hatten ja gar nicht die Kraft vorherzusehen, was in wenigen Monaten geschehen würde. Aber später? Nach dem Fall der Mauer, und dann zusammen mit dem Vollzug der staatlichen Einheit Anfang Oktober 1990? Es war doch öffentlich und rechtzeitig nach der Schweiß- und Tränenrede gefragt worden. Beim Staatsakt am 3. Oktober 1990 hatte ich klar gesagt, dass wir die deutsche Einheit nicht mit hochrentierlichen Anleihen alleine würden finanzieren können und dass es ein Irrtum sei anzunehmen, es käme nur auf die Verteilung der Zuwächse an und niemand solle etwas genommen werden. Dass anwesende Politiker verstanden, wovon die Rede war, merkte man am Gemurmel im Saal. Aber - es war Wahlkampfzeit.
Jetzt ist es schwerer geworden, aber gewiss nicht unlösbar. Entscheidend bleibt ein Zusammenwirken aller Teile, also öffentliche Hand, Tarifparteien und pri-

vater Sektor. Bund, Länder, Gemeinden müssen und können konzertiert handeln. Ihr Beispiel muss sich auch auf die Tarifparteien auswirken. Es ist begreiflich, dass die Gewerkschaften auf die Gewinne westdeutscher Unternehmer verweisen, die diese in den letzten zweieinhalb Jahren dadurch erzielt haben, dass die private Kaufkraft gesteigert worden ist. Dennoch ist Zurückhaltung bei den Lohn- und Gehaltszuwächsen unumgänglich und man sollte den Gewerkschaften die Mitwirkung daran nicht erschweren, indem man für denselben Zeitraum an Erleichterungen in den Unternehmensbesteuerungen gedacht und zu früh und undifferenziert von der Kurzfristigkeit von Solidaritätsabgaben gesprochen hat. Und was die privaten Hauhalte anbetrifft, so ist daran zu erinnern, dass sich im Lauf der letzten 40 Jahre das private Vermögen in der westdeutschen Bevölkerung ungefähr verfünffacht hat, während man in den neuen Bundesländern von einem Null-Wachstum wird ausgehen müssen. [...]
Es ist eine schwierige Lage für alle, nicht zuletzt deshalb, weil wir im Westen eine zwar tüchtige, aber zugleich auch anspruchsvolle und verwöhnte Gesellschaft geworden sind, selbstverständlich mit großen Unterschieden in den verschiedenen Gruppen. Aber in der Lage, in der wir uns mit der Vereinigung Deutschlands und den auch für uns so wichtigen Reformprozessen östlich von uns befinden, können wir uns nicht für überfordert erklären und damit quasi kapitulieren. Die Vorreiterrolle liegt ganz eindeutig bei der Politik. Mit ihrem Beispiel geht es darum, gemeinsames Handeln zu bewirken. [...]

(Aus einem Gespräch mit G. Hofmann und W. A. Perger, 1992)

Aufgaben zur Interpretation

1. Welche Institutionen der Bundesrepublik sollen zusammenwirken, um den wirtschaftlichen Aufbau in den neuen Bundesländern zu ermöglichen?
2. In welcher finanziellen Abgabe manifestiert sich für die meisten dieser Beitrag für die neuen Bundesländer?

Literaturhinweise

Kilb, G.: Ethische Grundbegriffe der alten Stoa und ihre Übertragung durch Cicero (1939), In: Büchner, K. (Hrsg.): Das neue Cicerobild - Darmstadt (WB) 1971

Krooß, H. J.: Zum Thema Freiheit und Pflicht (Materialien für den Philosophieunterricht in der Sekundarstufe II) - Paderborn 1993

Platon: Apologie des Sokrates und Kriton, übers. von Fuhrmann, H. - Stuttgart 1983

Spaemann, R.: Ethiklesebuch von Platon bis heute - München, Zürich 1987

vita activa - vita contemplativa

Natura utrumque facere me voluit:
et agere et contemplationi vacare
(Seneca)

Auguste Rodin (1840 - 1917), französischer Bildhauer, Der Denker, Bronze 1906, im Musée Rodin, Paris. Diese Bronzeplastik 'Der Denker' stammt aus dem Motiv des 'Höllentores', eines Museumstores in Paris. Rodin hat diese Plastik verselbständigt und zu einem monumentalen Werk gestaltet.

Constantin Meunier (1831 - 1905), belgischer Bildhauer, Der Lastträger. Meunier widmete sich vor allem sozialen Themen; im Mittelpunkt seines Schaffens steht die Darstellung des Arbeiters, repräsentativ für seine Auffassung von der Bedeutung der Arbeit.

Einführung

Arbeit und Beruf sind in ethischer Hinsicht mehr als nur Einkommensquelle und Grundlage der äußeren Lebensführung; sie sollen zur Sinngebung und Sinnerfüllung des menschlichen Lebens beitragen. Die Arbeit ist ein besonderes Merkmal des Menschen, in ihr verwirklicht er sein Menschsein. Zum Wesen des Menschen gehört aber auch die Muße, die Freizeit, um sich rein geistig betätigen zu können, um nachzudenken, z. B. über den Sinn des Lebens und andere erkennenswerte Dinge. Beide Lebensformen, die *vita activa* und *contemplativa,* sind schon in der Antike begründet und gelebt worden.

TEXTE

1. Cicero: Tranquillitatem expetentes - rem publicam capessentes

Cicero behandelt in der Schrift *De officiis*, die er seinem in Athen studierenden Sohn Marcus widmet, Fragen der praktischen Ethik. Innerhalb des ersten Buches, in dem er die aus der Tugend entspringenden Pflichten erörtert, kommt er auch auf die *magnitudo animi* (Seelenstärke) zu sprechen.

Multi autem sunt et fuerunt, qui eam, quam dico, tranquillitatem 69
expetentes a negotiis publicis se removerint ad otiumque perfugerint: in his et nobilissimi philosophi longeque principes et quidam homines severi et graves nec populi nec principum mores ferre potuerunt, vixeruntque nonnulli in agris delectati re sua familiari.
His idem propositum fuit, quod regibus, ut ne qua re egerent, ne 70
cui parerent, libertate uterentur: cuius proprium est sic vivere, ut velis. Qua re cum hoc commune sit potentiae cupidorum cum iis, quos dixi, otiosis, alteri se adipisci id posse arbitrantur, si opes magnas habeant, alteri, si contenti sint et suo et parvo. In quo neutrorum omnino contemnenda sententia est, sed et facilior et tutior et minus aliis gravis aut molesta vita est otiosorum, fructuosior

---

tranquillitas, -atis: Ruhe, ruhiges Leben — **expetere:** erstreben, nach etwas streben — **se removēre:** sich zurückziehen — **perfugere** (*io*): sich flüchten — Ⓚ: zu *in his* erg.: *fuerunt* — Ⓚ: zu *longeque principes* erg.: *philosophi* — **populi:** in Demokratien — **gravis, e:** bedeutend, ernst — **principum:** in Oligarchien 5 **delectari:** sich erfreuen, ergötzen — **propositum:** Vorhaben, Ziel, Lebensplan — *ut ne* ≈ *ne* — **proprium:** charakteristisches Merkmal — **commune:** Gemeinsamkeit, gemeinsames Merkmal — Ⓚ: ordne: *commune* → *cupidorum* → *potentiae* — **otiosus, a, um:** untätig, müßig, frei von Staatsgeschäften — **alteri** = die Herrschenden 10 **alteri:** die, die sich zurückgezogen haben — **contentus, a, um:** zufrieden — **fructuosus, a, um:** fruchtbar, ergiebig — **amplitudo, -inis:** Größe, Ansehen, Würde

autem hominum generi et ad claritatem amplitudinemque aptior
eorum, qui se ad rem publicam et ad magnas res gerendas accomo-
daverunt. Quapropter et iis forsitan concedendum sit rem publicam 71
non capessentibus, qui excellenti ingenio doctrinae sese dediderunt,
et iis, qui aut valetudinis imbecillitate aut aliqua graviore causa
impediti a re publica recesserunt, cum eius administrandae potesta-
tem aliis laudemque concederent. Quibus autem talis nulla est
causa, si despicere se dicant ea, quae plerique mirentur, imperia et
magistratus, iis non modo non laudi, verum etiam vitio dandum
puto. Quorum iudicium in eo, quod gloriam contemnant et pro
nihilo putent, difficile factu est non probare, sed videntur labores et
molestias, tum offensionum et repulsarum quasi quandam ignomi-
niam timere et infamiam. Sunt enim, qui in rebus contrariis parum
sibi constent, voluptatem severissime contemnant, in dolore sint
molliores, gloriam neglegant, frangantur infamia, atque ea quidem
non satis constanter. Sed iis, qui habent a natura adiumenta rerum 72
gerendarum, abiecta omni cunctatione adipiscendi magistratus et
gerenda res publica est.

(De off., 1, 69 - 72)

---

se accomodare: sich hingeben 15 **forsitan:** vielleicht — **concedere:** nachsichtig sein — **capessere rem publicam:** die politische Laufbahn einschlagen — **excellens, -ntis:** vorzüglich, ausgezeichnet — **ingenium:** angeborene Fähigkeit, Begabung — **doctrina:** Lehre, Gelehrsamkeit, Wissenschaft — **imbecillitas valetudinis:** schwache Gesundheit **recedere:** sich zurückziehen 20 **despicere** (*io*): verachten — **imperia et magistratus:** militärische und zivile Ämter — Ⓚ: zu *laudi ... vitio dandum* erg.: *id* — **offensio, -onis:** Anstoß, Ärger, Unannehmlichkeit — **repulsa:** Zurückweisung, erfolglose Bewerbung um ein Amt — **ignominia:** Schande 25 **infamia:** übler Ruf, Schmach — **res contrariae:** gegensätzliche, widersprechende, widrige Lage — **parum sibi constare:** allzu wenig Halt haben, zu wenig festbleiben — Ⓚ: zu *non satis constanter* erg.: *faciant* — **adiumenta, -orum:** Hilfsmittel, körperliche und geistige Anlagen — **res gerendae:** politische Tätigkeit — **abicere** (*io*) (*cunctationem*): abwerfen, ablegen

Frage zum Stil

Welches Stilmittel erkennen Sie in Z. 1 und Z. 8/9?

Aufgaben zur Interpretation

1. Welche Menschentypen flüchten sich nach Cicero in das *otium?*
2. Wie beurteilt Cicero das Leben der *otiosi,* wie das Leben derer, *qui se ad rem publicam ... accomodaverunt?*
3. Unter welchen Voraussetzungen und wem gesteht Cicero eine *vita contemplativa* zu? Welche von beiden Lebensweisen bevorzugt Cicero?
4. Welchem philosophischen System entstammt diese Anschauung Ciceros?

2. Vergil: Labor omnia vincit improbus

Vergil (70 - 19 v. Chr.), geb. in Mantua, studierte in Mailand und Rom Rhetorik, interessierte sich aber mehr für Philosophie und schloss sich deshalb in Neapel dem Kreis des Epikureers Siron an. Seine Werke sind die *Bucolica* (Hirtengedichte), *Georgica* und die *Aeneis.* In den *Georgica* beschreibt er Arbeit und Leben der italischen Bauern. Auf dem antiken Mosaik thront Vergil zwischen Klio und Melpomene, den Musen der Geschichtsschreibung (Buchrolle) und der Tragödie (Maske).

Nec tamen, haec cum sint hominumque boumque labores
versando terram experti, nihil improbus anser
Strymoniaeque grues et amaris intiba fibris
officiunt aut umbra nocet. Pater ipse colendi
haud facilem esse viam voluit, primusque per artem
movit agros, curis acuens mortalia corda
nec torpere gravi passus sua regna veterno.
Ante Iovem nulli subigebant arva coloni:
ne signare quidem aut partiri limite campum
fas erat; in medium quaerebant, ipsaque tellus
omnia liberius nullo poscente ferebat.
Ille malum virus serpentibus addidit atris

---

cum: konzessiv — **bos, bovis:** Rind — **versando (terram):** umwenden (die Erde mit dem Pflug) — **nec (tamen) ... nihil** = *non nihil*: manches, einiges — **improbus, a, um:** unverschämt, frech, gefräßig — **anser, -is** m.: Gans 120 **Strymonius, a, um:** adj. zu *Strymo, -onis*: Grenzfluss zwischen Thrakien und Makedonien — **grus, -gruis** f.: Kranich — **amarus, a, um:** bitter — **intibum:** Endivie (Salatart) — **fibra:** Faser — **officere** (*io*): in den Weg treten, schädigen — **umbra:** Schatten — **pater ipse:** gemeint ist Jupiter — Ⓚ: zu *colendi* erg.: *agri* — **via:** Weg, Art und Weise, Vorgang — **per artem:** Gegensatz zu: auf natürliche Weise — **movit** (*agros*): er ließ bearbeiten — **acuere:** schärfen — **mortalia corda** = *corda (mentes) mortalium* — **torpēre:** träge sein — **veternus:** Schlafsucht, Erschlaffung — **passus (est) torpēre veterno:** er ließ in trägem Schlaf liegen 125 **subigere** (*arva*): bearbeiten — **arvum:** Flur — **signare:** kennzeichnen — **partiri:** teilen — **limes, -itis:** Rain, Grenze — **in medium:** für alle, gemeinsam — **ipsa** = *sua sponte* — **tellus, -uris** f.: Erde — **liber, a, um:** freiwillig — **virus, -i** n.: Schleim, Gift — **serpens, -ntis:** Schlange — **ater, atra, atrum:** schwarz, Unheil bringend

Jean-François Millet (1814 - 1875), Die Ährenleserinnen, 1857, Öl auf Leinwand, Musée d'Orsay, Paris. Das Licht der Abendsonne breitet sich über das abgeerntete Feld, es lässt die Kleider der Frauen kostbar aufleuchten. Die Nachernte, die Arbeit der Ärmsten, wird fast zur sakralen Handlung. Millet, selbst aus dem Bauernstand stammend, stellt mit Vorliebe die harte, mühsame Arbeit der Bauern dar und erhöht sie. Ebenso wie Caillebottes „Parkettschleifer" (S. 84) sind seine Bilder Dokumente einer neuen Sensibilisierung für einen vergessenen Sozialstand.

praedarique lupos iussit pontumque moveri,
mellaque decussit foliis ignemque removit
et passim rivis currentia vina repressit,
ut varias usus meditando extunderet artis
paulatim et sulcis frumenti quaereret herbam,

---

130 **praedari:** Beute machen — **lupus:** Wolf — **pontus:** Meer(esflut) — **mel, mellis** n.: Honig — **decutere**(*io*): herabschütteln, -schlagen (vorher tropfte Honig von selber herab) — **folium:** Blatt — **removēre:** entfernen, verstecken (Das Feuer musste erst wieder durch Schlagen gewonnen werden.) — **passim:** allenthalben — **rivus:** Bach, Strom — **reprimere:** zurückdrängen, aufhalten — **usus, us** m.: Gebrauch, Bedürfnis, Notwendigkeit — **extundere:** herausschlagen, bewirken — Ⓚ: ordne: *ut* ... *usus* (Subj.) ... 1. *extunderet* → *artes* (Obj.) 2. *quaereret* → *herbam* (Obj.) — **meditari:** nachsinnen, denken — **sulcus:** Furche — **herba:** Halm

ut silicis venis abstrusum excuderet ignem.
Tunc alnos primum fluvii sensere cavatas;
navita tum stellis numeros et nomina fecit
Pleiadas, Hyadas, claramque Lycaonis Arcton.
Tum laqueis captare feras et fallere visco
inventum et magnos canibus circumdare saltus;
atque alius latum funda iam verberat amnem
alta petens, pelagoque alius trahit umida lina.
Tum ferri rigor atque argutae lamina serrae
(nam primi cuneis scindebant fissile lignum),
tum variae venere artes. Labor omnia vicit
improbus et duris urgens in rebus egestas.

(Georgica 1, 118 - 146)

---

135 **silex, -icis** m: Kiesel, Feuerstein — **vena:** Gesteinsader — **abstrudere:** verbergen — **excudere:** herausschlagen, entlocken — **alnus, -i** f.: Erle, Kahn aus Erlenholz — **fluvius:** Fluss — **cavare:** aushöhlen — **navita** = *nauta* — **stella:** Stern — **numeros:** durch Zusammenfassen zu einem Sternbild (z. B. Siebengestirn) — **Pleias, -adis** f.: Pleijade, Pl.: das Siebengestirn — **Hyades, -um** f.: Regengestirn, Siebengestirn am Haupte des Stieres, dessen Aufgang Regen bringt — **Lycaon, -onis:** König von Arkadien, Vater der Kallisto, die von Juno in eine Bärin verwandelt, von Jupiter aber unter die Sterne versetzt wurde — **Arctos, -i,** Akk.: *-on*: einer der beiden Bären (Großer Wagen) am nördlichen Sternenhimmel — **laqueus:** Schlinge, Falle — **captare:** fangen — **fera:** wildes Tier — **viscum:** Mistel, Vogelleim 140 Ⓚ: zu *inventum* erg.: *est* — **canis, -is:** Hund — **saltus, -us** m.: Schlucht, Wald — **latus, a, um:** breit — **funda:** Schleuder, Wurfnetz — **verberare:** schlagen — **alta** hier: Tiefe — **pelagus, -i** n.: Meer, Fluten (*pelago = ex pelago*) — **umidus:** feucht, nass — **linum:** Angelschnur, Netz — **rigor, -oris:** Steifheit, Härte — **argutus, a, um:** deutlich, hell tönend, kreischend — **lamina:** Blatt (der Säge), Platte — **serra:** Säge — **cuneus:** Keil — **scindere:** spalten — **fissilis, e:** spaltbar — **lignum:** Holz 135 **improbus, a, um** hier: anhaltend, unverdrossen — **egestas, -atis:** Mangel, Not

Frage zur Sprache

Erklären Sie die -nd-Formen zu V. 119, 121, 133!

Aufgaben zur Interpretation

1. Welches Zeitalter beschreibt Vergil mit den Versen 125 ff.?
2. Warum wollte Jupiter den Menschen das Arbeiten nicht ersparen?
3. Welche Fertigkeiten haben die Menschen erfunden, um die Schwierigkeiten des Lebens zu meistern?
4. Welche Lage hat sie dazu angespornt?
5. Welcher Vers enthält den Kerngedanken dieser Textstelle?

3. Aristoteles: Tätiges Leben - beschauliches Leben

Aristoteles (384 - 322 v. Chr.) aus Stageira (Chalkidike/Nordgriechenland) ist neben Platon der berühmteste griechische Philosoph. Er hat unter vielen anderen Schriften auch ein Werk über Politik verfasst. Darin untersucht er die beiden Lebensweisen, die *vita activa* derer, die sich politisch betätigen, und die *vita contemplativa* derer, die ihr Leben der Philosophie widmen.

Dass nun diejenige Staatsverfassung notwendig die beste ist, deren Einrichtung zufolge jedweder ohne Ausnahme sich wohl befindet und glücklich lebt, liegt auf der Hand. Aber darüber streitet man auch bei denen, die zugeben, dass das tugendhafte Leben das begehrenswerteste sei, ob das politische und tätige Leben den Vorzug verdient oder vielmehr jenes, das als theoretisch (beschaulich) von allen äußeren Dingen abgezogen und nach manchen allein philosophisch, d. h. eines weisheitsliebenden Mannes würdig ist. Denn diese beiden Lebensweisen sind es so ziemlich, die man die eifrigsten Verehrer der Tugend in der Vor- und Jetztzeit hat erwählen sehen: sie waren immer entweder Staatsmänner oder Philosophen. Es trägt aber nicht wenig aus, auf welcher von beiden Seiten hier die Wahrheit liegt. Denn es ist eine unerlässliche Forderung, dass sowohl der einzelne Mensch, wenn er verständig sein will, als auch der Staat in seiner Gesamtheit dem besten Ziele zugekehrt und angeglichen sei. So meinen denn die einen, seine Nebenmenschen zu beherrschen, sei, wenn es despotisch geschehe, eine der größten Ungerechtigkeiten, geschehe es aber im Geiste einer freien Verfassung, so habe es zwar nichts Ungerechtes an sich, aber etwas Störendes für die eigene Ruhe. Dieser Meinung steht die der anderen gleichsam diametral gegenüber; ihr zufolge schickt sich für einen Mann einzig das tätige und politische Leben. Denn in jeder Tugend biete sich nicht sowohl dem Privatmann, als dem, der sich der öffentlichen Angelegenheiten und der Staatsgeschäfte annehme, eine reichere Tätigkeit dar.

(Politik 1324 a/b, übersetzt von E. Rolfes)

AUFGABEN ZUR INTERPRETATION

1. Zu welchem Ziel sollen die Staatsverfassungen die Bürger führen? Wie heißt der griechische Ausdruck für dieses Lebensziel, das allen philosophischen Systemen der Antike gemeinsamen war?
2. Inwiefern kann vor allem durch politische Betätigung Tugend und Glück erreicht werden, inwiefern durch die vita *contemplativa?*
3. Warum ist nach Meinung der Philosophen politische Betätigung für sie störend?

4. Mark Aurel: Mitarbeit am Aufbau des Kosmos

Mark Aurel (121 - 180), der Philosoph auf dem Kaiserthron, der als Kaiser und Feldherr die Donaugrenze des römischen Reiches bei Wien gegen die Markomannen verteidigte, hat eine philosophische Schrift mit dem Titel 'Selbstbetrachtungen' verfasst, in der er als Stoiker in das Innere seiner Seele schaut, um sich über sein Leben und Tun Klarheit zu verschaffen.

Wenn du beim Morgengrauen verdrießlich aufwachst, dann denk daran: „Ich stehe auf zur Arbeit eines Menschen. Und da bin ich schlechter Laune, wo ich mich anschicke das zu tun, wozu ich da bin und wozu ich auf die Welt gekommen bin? Oder bin ich dazu bestimmt, dass ich im Bette liege und mich wärme?" „Aber das ist behaglicher!" - Bist du etwa zum Behagen geboren? Überhaupt, bist du zum Genießen oder zum Handeln da? Siehst du nicht die Blümlein, die Vöglein, die Ameisen, die Spinnen, die Bienen, wie sie ihre Arbeit tun und - soviel an ihnen liegt - den Kosmos mit aufbauen? Und da willst du nicht die Aufgaben des Menschen erfüllen? Rennst du nicht zum Ziele, das dir deine Natur gewiesen hat? „Aber man muss sich auch ausruhen!" - Gewiss, auch ich meine das. Doch hat die Natur auch hierfür Grenzen gesetzt und ebenso für Essen und Trinken. Und trotzdem gehst du über die Grenzen, über das, was dir genügen sollte, hinaus? Nur nicht, wenn es zur Arbeit geht; da bleibst du „im Bereich des Möglichen"! Weil du dich nicht selber lieb hast; denn sonst würdest du auch deine Natur und ihren Willen lieben. Andere Menschen, die ihre Kunst lieben, zehren sich bei ihrer Arbeit ab, ohne sich zu waschen oder zu essen! Du aber ehrst deine Natur weniger als der Erzgießer die Erzbildnerei oder der Tänzer die Tanzkunst oder der Habsüchtige das Geld oder der Ruhmsüchtige das bisschen Ruhm? Wenn diese Leute mit Feuereifer bei ihrer Arbeit sind, dann wollen sie weder essen noch schlafen, wenn sie nur das fertig bringen, was ihnen am Herzen liegt. Und da scheinen dir Taten der Menschenliebe weniger wertvoll und weniger Eifer zu verdienen?

(Selbstbetrachtungen 5, 1, übers. von W. Capelle)

AUFGABEN ZUR INTERPRETATION

1. Wozu ist der Mensch nach Mark Aurel geboren?
2. In welchen größeren Zusammenhang sieht er das menschliche Leben eingebettet?
3. Worin besteht nach Mark Aurel die vornehmste Aufgabe des Menschen?

5. Benedikt von Nursia: Ora et labora!

Der hl. Benedikt (480 - 547) wird als Gründer des Ordens der Benediktiner Vater des abendländischen Mönchtums genannt. Als Abt im Kloster Montecassino hat er für seine Mönche Vorschriften ausgearbeitet, die das klösterliche Leben bis in die letzten Einzelheiten regeln.

Otiositas inimica est animae, et ideo certis temporibus occupari debent fratres in labore manuum, certis iterum horis in lectione divina.
Ideoque hac dispositione credimus utraque tempore ordinari: id est, ut a Pascha usque Kalendas Octobres a mane exeuntes a prima usque hora, pene quarta laborent, quod necesssarium fuerit.
Ab hora autem quarta usque hora, qua Sextam agent, lectioni vacent. Post Sextam autem surgentes a mensa pausent in lecta sua cum omni silentio aut forte, qui voluerit legere, sibi sic legat, ut alium non inquietet. Et agatur Nona temperius mediante octava hora et iterum, quod faciendum est, operentur usque ad Vesperam. Si autem necessitas loci aut paupertas exegerit, ut ad fruges recollegendas per se occupentur, non contristentur, quia tunc vere

---

otiositas, -atis: Müßiggang — **lectio divina:** heilige Lesung, geistliche Lesung — **dispositio, -onis:** Anordnung, Einteilung — **ordinare:** ordnen, regeln — **id est:** das heißt 5 **Pascha:** Ostern — **a mane:** von früh an — **prima hora:** Prim, das Chorgebet der Mönche zur ersten Stunde (von 6 Uhr morgens an gerechnet) — **a prima usque (ad):** von ... bis — **pene** = *paene* — **Sexta:** Sext, das Chorgebet der Mönche zur sechsten Stunde — **vacare** (*lectioni*): frei sein für ... — **surgere:** aufstehen, sich erheben — **pausare:** ruhen — **lecta** = *lectus, i* m.: Bett — **legere sibi:** für sich lesen 10 **inquietare:** stören — **Nona:** Non: das Chorgebet zur neunten Stunde — **temperius:** zeitlicher, früher — **mediante:** um die Mitte — **operari:** arbeiten — **vespera:** Chorgebet am Abend — **necessitas, atis:** Notwendigkeit, Notlage — **exigere:** verlangen — **fruges** f.: Früchte — **recolligare:** sammeln, ernten — **contristari:** betrübt, verdrossen sein monachi sunt, si labore manuum suarum vivunt sicut et Patres nostri et Apostoli. Omnia tamen mensurate fiant propter pusillanimes.

A Kalendas autem Octobres usque caput Quadragesimae usque in hora secunda plena lectioni vacent; hora secunda agatur Tertia; et usque nona omnes in opus suum laborent, quod eis iniungitur. Facto autem primo signo nonae horae deiungant ab opera sua singuli et sint parati, dum secundum signum pulsaverit. Post refectionem autem vacent lectionibus suis aut psalmis.

(Die Benediktusregel, Regel 48)

---

15 **mensurate** (adv.): mit Maß — **pusillanimis, e:** kleinmütig — **caput Quadragesimae:** Beginn der Fastenzeit — **hora secunda plena:** Ende der zweiten Stunde — **hora secunda ... agatur Tertia:** nach der zweiten Stunde ... Terz: Chorgebet zur dritten Stunde — **iniungere:** auferlegen 20 **deiungere:** abspannen, abbrechen — **pulsare:** schlagen, ertönen — **refectio, -onis:** Erfrischung, Essen

Sandro Botticelli (1445 - 1510), Der heilige Augustinus in seiner Zelle, Florenz, Chiesa degli Ognisanti. Botticelli will die Einfachheit des Einsiedlerdaseins und den Eindruck der Abgeschiedenheit und Beschaulichkeit vermitteln.

Fra Angelico (ca. 1400 - 1455), Florenz, Der heilige Dominikus in die Lektüre eines Buches versunken, Fresko im Kloster S. Marco, Florenz. Alleinsein, Lesen und Nachdenken gehören zu einer *vita contemplativa*

Aufgaben zur Interpretation

1. Warum lehnt Benedikt ein Mönchsleben ab, das nur in *otiositas* besteht?
2. Inwiefern kann man einen Wechsel von Arbeit und Muße (Gebet) gerade für ein Ordensleben als sinnvoll bezeichnen?
3. Erklären Sie anhand der zu diesem Themenkreis gehörigen Bilder, wie die Künstler einen Menschen darstellen, der sich der *vita contemplativa* widmet!

Gustave Caillebotte (1848-1894), Die Parkettschleifer, 1875, Paris, Musée d'Orsay

6. Christoforo Landino: Wir verhalten uns entweder tätig oder wir betrachten

Cristoforo Landino (1424 - 1498) aus Florenz wurde nach verschiedenen Studiengängen Lehrer der Rhetorik und Poesie. Seine Neigung galt aber der Philosophie. In seinem wichtigsten philosophischen Werk 'Camaldolensische Gespräche' (in Camaldoli, einem Kloster nahe Arezzo, fand diese Diskussion statt) behandelt er auch die Frage, welche Lebensarten für den Menschen möglich sind.

Da also der Intellekt unser ausschließliches Eigentum ist, so werden wir, wenn wir nicht unserer natürlichen Bestimmung untreu werden wollen, unter seiner Führung entweder so leben, dass wir alle unsere Bestrebungen auf die notwendigsten Lebensbedürfnisse richten und nicht nur für uns, sondern, da wir ja zum Zusammenleben in der Gesellschaft geboren sind, auch für Eltern, Kinder und alle unsere Freunde Sorge tragen und tun, was recht und gut ist; oder wir werden uns von den Geschäften und Sorgen des gesellschaftlichen Lebens losmachen oder sie auf eine andere Zeit verschieben und uns zur

Betrachtung der Wahrheit erheben. Also wir verhalten uns entweder *tätig* oder wir *betrachten.* Dabei lasse ich mich nicht irre machen, wenn einige in übertriebener Spitzfindigkeit behaupten, auf die Betrachtung lasse sich überhaupt keine Lebensart gründen. Und zwar suchen sie diese Behauptung zu stützen, indem sie sagen, der Ausdruck 'Leben' schließe eine Art Bewegung in sich, während es doch die Betrachtung mehr mit der *Ruhe* denn mit der *Bewegung* zu tun habe. Ich stelle das keineswegs in Abrede - heißt es doch auch im Buche der Weisheit: 'Bin ich daheim, so habe ich meine Ruhe an ihr.' Aber dennoch, wer will bestreiten, dass wir, solange wir uns der Forschung hingeben, allerdings von *äußerer* Bewegung notwendig frei sind, dass aber nichtsdestoweniger diese Forschertätigkeit nicht ohne eine gewisse geistige Bewegung vor sich gehen kann? Da wir es also hier mit dem Menschen und nicht mit anderen Geschöpfen zu tun haben, so kommen wir zu dem Schlusse, dass das Leben entweder in der Tätigkeit oder in der Erkenntnis der Wahrheit besteht. Und zwar verhält es sich so, dass wir in jeder der beiden Lebensarten, falls wir uns ihr in der richtigen Weise hingeben, sowohl dem ewigen Gott wohlgefällig sind als auch dem Menschengeschlecht den größten Dienst erweisen. Das ist die feststehende und einmütige Überzeugung sowohl der Dichter des Altertums, die ja bekanntlich als die Theologen der Alten zu gelten haben, als auch die Meinung unserer christlichen Gottesgelehrten. Um nur einen von jenen anzuführen: an der Stelle, wo P. Vergilius Maro den aus dem Leben Geschiedenen ewigen Lohn verheißt, erwähnt er solche,

> 'Die das Leben verschönten, indem sie Künste erfanden'[1]

Er lobt mit anderen Worten die Männer, die in emsigem Forschen mancherlei Künste und Wissenschaften erdacht, oder auf dem bereits Erdachten weitergebaut haben. Damit aber auch der anderen Lebensart die gebührende Ehre zuteil werde, redet er also über das richtige Handeln:

> 'Hier sind vereint, die sich fürs Vaterland Wunden erkämpften.
> Die als Priester sich rein bewährt, solange sie lebten,
> Die als fromme Dichter des Phöbus würdig gesungen'[2]

Das sind die Gesichtspunkte, die mich bei der Frage der Erforschung der Wahrheit einerseits und des richtigen Handelns andererseits bewogen haben, die Erkenntnis über die Tätigkeit zu stellen. Allein bei genauerer Überlegung sehe ich doch, dass der Mensch, auch wenn er von Haus aus ein geistiges Wesen ist, den Körper keineswegs außer Acht lassen darf und dass er seiner natürlichen Bestimmung nach sowohl durch die Bande der Liebe mit den

[1] Vergil, Aeneis 6, 663
[2] Vergil, Aeneis 6, 660-662

anderen Menschen verbunden als auch von Begeisterung für die Erkenntnis erfüllt sein soll. Und deshalb werde ich den erst für einen wahren Mann erklären, der beiden Lebensarten in angemessener Weise gerecht wird und beide in sich vereinigt, indem er einerseits der Tätigkeit so viel Raum gönnt als die menschliche Bedürftigkeit, die Rücksicht auf die Gesellschaft und die Liebe zum Vaterlande gebietet, andererseits aber sich der Betrachtung zuwendet, wohl wissend, dass er, soweit ihm nicht die menschliche Unzulänglichkeit Grenzen setzt, in ihr seine eigentliche Bestimmung erfüllt. Er wird also forschen, um des höchsten Gutes teilhaftig zu werden, und er wird handeln, damit für ihn und die Seinen kein Schaden entstehe. Beides aber wird er dann in richtiger Weise tun, wenn er nach jeder Seite so viel gibt, als genug ist. Sind ja doch die beiden Lebensformen nicht so von Grund aus verschieden, dass sie sich nicht bis zu einem gewissen Grade verbinden ließen.

(Camaldolensische Gespräche, übersetzt von E. Wolf, S. 16 f.)

Aufgaben zur Interpretation

1. Was für ein Wesen ist nach Landino der Mensch?
2. Welche zwei Verhaltensweisen sind dem Menschen eigentümlich?
3. Welche Meinung vertritt Landino daher hinsichtlich der beiden Lebensarten? Welcher gibt er den Vorzug?
4. Welchem griechischen Philosophen ist die Anschauung „wir sind zum Zusammenleben in der Gesellschaft geboren" entnommen? Welchen Ausdruck verwendet dieser dafür?

George Grosz (1893 - 1959), Arbeitslos, 1924, aus der Sammlung 'Das Gesicht der herrschenden Klasse'. Grosz will die Auswüchse der Inflationszeit nach dem 1. Weltkrieg anprangern, in der viele Menschen arbeitslos waren.

W. Habdank (geb 1930), In der Tretmühle, Holzschnitt 1973. Nicht die Leistung ist unsozial, sondern der Missbrauch der Leistung bei Leistungsdruck, durch den sich der Arbeiter wie in eine Tretmühle eingespannt fühlt.

7. J. Pieper: Muße als Arznei

Josef Pieper (1904 – 1997), war Professor für Philosophie in Münster. Er hat viele philosophisch-ethische Werke geschrieben. In dem Büchlein 'Arbeit, Freizeit, Muße' befasst er sich mit den Problemen der modernen Arbeitswelt, die gekennzeichnet ist durch Hektik, durch Arbeit um des Arbeitens willen, so dass für die eigentliche Muße nur wenig Zeit bleibt..

Wenn also den Alten gesagt worden wäre, Muße sei doch nur ein anderer Name für Müßiggang, Trägheit, Faulheit, für das Sich-Entziehen gegenüber den eigentlich „sozial wichtigen" Aufgaben - dann würden sie geantwortet haben: Eure Hektik des Arbeitens um des Arbeitens willen versehrt den Menschen viel tiefer als die Bequemlichkeit im Felde, sagen wir, der Schularbeiten oder des bürgerlichen Gewerbefleißes.
Vor allem ist Muße ein Zustand der Seele. Muße ist nicht schon gegeben mit dem objektiven Faktum von Urlaub oder Wochenende. Muße ist ein innerer seelischer Zustand und als solcher ist er genau der Widerpart jenes Ideals der Überwertung der Arbeit, und zwar unter jedem der drei Gesichtspunkte, von denen ich gesprochen habe. Überwertung der Aktivität - ja, die Muße ist gerade Nicht-Aktivität. Sie ist Schweigen. Sie ist Nicht-Zupacken. Natürlich muss man zupacken und so wird mich auch wohl niemand missverstanden haben, als sei irgendetwas gegen die Arbeit und das Zupacken gesagt. Aber es muss auch einmal den Zustand geben, dass man gerade nicht zupackt, sondern loslässt, sich selber loslässt, wie ein Schlafender sich überlässt. Wenn man sich nicht überlässt, kann man ja auch nicht schlafen; und Schlaflosigkeit und Mußelosigkeit haben auch wohl untergründig miteinander zu tun. „Gott

schenkt die Lieder in der Nacht" - das steht im Buche Hiob. Die ganz großen Einsichten, die wir uns gar nicht „erarbeiten" können, werden uns gerade zuteil in diesem Zustand der Geöffnetheit der Seele. - Ein zweiter Gesichtspunkt „Überwertung der Mühe": Die Muße ist eine feiernde Haltung! Und Feiern heißt nicht nur Mühelosigkeit, sondern das Gegenteil von Mühe. Übrigens sind im Begriff des Feierns alle drei Elemente enthalten, Nicht-Aktivität, Ruhe; Mühelosigkeit; und auch, drittens, das Herausgenommensein aus der sozialen Funktion. - Hier ist übrigens eine Unterscheidung zu bedenken, die heute allzu sehr vergessen oder verwischt zu werden scheint. Ich meine die Unterscheidung zwischen „Pause" und „Muße". Der Sinn der Pause ist, dass ich mich erhole von der Arbeit für die Arbeit. Die Pause gehört als Glied in die Kette des Arbeitstages; ebenso wie der Begriff „Erholung" auch ambivalent ist (ich erhole mich von der Arbeit, für die Arbeit). Aber der Sinn der Muße ist nicht, dass der Mensch störungsfrei weiterarbeiten kann, obwohl ich mich wahrscheinlich nie so tief erhole wie in wirklicher Muße. Aber der Sinn der Muße ist nicht, dass ich weiterarbeiten kann, sondern der Sinn der Muße ist, dass ich auch noch in der Arbeitsfunktion, die mich einengt auf einen ganz bestimmten Aspekt der Realität und auch einen ganz bestimmten Teil meiner Seele beansprucht - dass ich dennoch Mensch bleibe, das heißt, mich selber verstehe und realisiere als ein Wesen, das auf das Ganze der Wirklichkeit ausgerichtet ist.
Jetzt kommt die Frage: Was kann man tun, um dem Eindringen der totalitären Arbeitswelt, die ja nicht aus einer bestimmten Himmelsrichtung andringt, weder von Osten noch aus dem fernen Westen, sondern aus unseren eigenen Gefährdungen kommt - was kann man tun, um diesem, fast schon dämonisch zu nennenden Andringen, Widerstand zu leisten und einen Raum der Muße zu bewahren oder vielleicht sogar zurückzuerobern? - Die Ärzte sagen schon seit langem: Wenn ihr euch nicht Muße gönnt, dann werdet ihr krank! Und diese Diagnose ist unwidersprechlich; sie ist einfach richtig.

(Arbeit, Freizeit, Muße, S. 99)

AUFGABEN ZUR INTERPRETATION

1. Wie definiert Pieper die Muße?
2. Für Pieper ist der Zustand der Muße der Widerpart der Überbewertung der Arbeit. Unter welchen drei Gesichtspunkten sieht er diese Überbewertung?
3. Wie unterscheiden sich Muße und Pause?
4. Was ist nach Pieper der Sinn der Muße?

8. Papst Johannes Paul II.: Homo ad laborem vocatur

Am 14.9.1981 erließ Papst Johannes Paul II. die Enzyklika (päpstliches Rundschreiben) 'Laborem exercens'. Damit wollte er, wie schon vor 100 Jahren Papst Leo XIII. mit der Enzyklika 'Rerum novarum', einen Beitrag zur Lösung der sozialen Frage leisten. Die Arbeit stellt, nach der Überzeugung der Kirche gemäß der Bibel, eine fundamentale Dimension menschlicher Existenz auf Erden dar.

LABOREM EXERCENS homo panem cotidianum sibi comparet oportet et insimul ad perennem technicarum artium scientiarumque profectum conferat, praesertim vero ad assiduam morum humanique cultus progressionem societatis, in qua una vitam cum fratribus degit. Quo quidem verbo „laboris" omne opus ab eodem patratum significatur nulla habita ratione eius indolis et adiunctorum; id est quaevis actio humana eo nomine appellatur, quae pro labore habetur estve habenda tot inter multiplices industriae formas, quarum homo est capax et ad quas humanitatis suae virtute est natura sua proclivis. Ad Dei ipsius imaginem et similitudinem factus in visibili mundi universitate ibique constitutus, ut terram subiciat, homo ab ipso suo initio *ad suscipiendum laborem vocatur.*

---

panis, -is: Brot — **insimul** = *simul* — **perennis, e:** dauernd, beständig — **profectus, -us** m.: Fortschritt — **assiduus, a, um:** beharrlich, beständig — **cultus, -us** m.: Kultur — **progressio, -onis:** Fortschritt — **societas, -atis:** Gesellschaft 5 **(vitam) degere:** verbringen — **patrare:** vollbringen, ausführen — **rationem habēre** (*alicuius rei*): Rücksicht nehmen auf (etwas) — **indoles, -is** f.: natürliche Beschaffenheit, Begabung — **adiuncta, -orum** n: Eigenheiten, (hier) Umstände — **id est:** das heißt — **actio, -onis:** Tätigkeit — **habēre pro:** halten für — **multiplex, -icis:** vielfältig — **industria:** Tätigkeit — **capax, -acis:** fähig 10 **proclivis, e:** geneigt, geeignet — **similitudo, -inis:** Ähnlichkeit, Gleichnis — **visibilis, e:** sichtbar — **mundus:** Welt — **universitas, -atis:** Gesamtheit, Universum

Qui quidem labor est una e notis, quibus homo a ceteris animantibus distinguitur, quorum actio ad vitam pertinens alendam labor nequit nuncupari. Solus enim homo ad eum est habilis, solus homo eum exsequitur, eo simul vitam suam terrenam adimplens. Quocirca labor peculiari signo hominis et humanitatis notatur, signo dicimus personae intra personarum communitatem operantis. Quod signum declarat, qualis ipse sit interius, et quadamtenus ipsam eius naturam constituit.

(Enzyklika 'Laborem exercens', Einleitung)

---

nota: Merkmal; Kennzeichen — **animans, -ntis:** Lebewesen — **distinguere:** unterscheiden — **nequire** (*nequeo*): nicht können 15 **nuncupare:** nennen — **habilis, e:** tauglich, befähigt — **exsequi:** ausführen — **terrenus, a, um:** irdisch — **adimplēre:** erfüllen, ausfüllen — **peculiaris, e:** eigentümlich — **notare:** kenntlich machen, kennzeichnen — **humanitas, -atis:** Menschheit — **communitas, -atis:** Gemeinschaft — **operari:** arbeiten, wirken — **quadamtenus** (adv.): bis zu einer gewissen Grenze, in gewisser Hinsicht

Aufgaben zur Interpretation

1. Warum ist Arbeit für den Menschen kennzeichnend?
2. Vergleichen Sie die Lehrmeinung der katholischen Kirche über den Wert der Arbeit mit der der heidnischen Antike!

Literaturhinweise

Marc Aurel: Selbstbetrachtungen, übersetzt von Wittstock, A. W. - Stuttgart 1987
Pieper, J.: Arbeit, Freizeit, Muße, In: Arbeit und Muße (Hrsg. von Barenbrock, G.) - Paderborn 1989

Eigennamenverzeichnis

Amnesty international: Internationale Hilfsorganisation für politisch Gefangene, Sitz London.
Antigone: Tochter des Ödipus, des Königs von Theben, Heldin der gleichnamigen Tragödie des Sophokles. Der Tyrann Kreon verbot ihr, ihren Bruder Polyneikes, der gegen Theben in den Krieg gezogen war, zu bestatten: sie wurde, weil sie es trotzdem getan hatte, lebendig begraben.
Antiphon: Sophist, 5. Jhdt. v. Chr., gegen von Menschen gemachte Gesetze, da sie Freiheit und Gleichheit beeinträchtigen.
Aristoteles: 384 - 322 v. Chr., aus Stageira (Chalkidike), bedeutender Philosoph, Schüler Platons, Gründer der philosophischen Schule des Peripatos.
Benedikt von Nursia: 480 - 547, Gründer des Benediktinerordens; nach Jahren des Aufenthalts in der Einsamkeit gründete er das Kloster Montecassino und gab als Abt seinen Mitbrüdern eine Ordensregel.
Bollnow, Otto Friedrich: geb. 1903 in Stettin, Professor für philosophische Anthropologie und Ethik.
Cicero, Marcus Tullius: 106 - 43 v. Chr., aus Arpinum, der bekannte römische Redner, Politiker und Philosoph, Konsul des Jahres 63 v. Chr., Autor vieler politischer und gerichtlicher Reden, rhetorischer, staatsphilosophischer und philosophischer Schriften.
Circe: Tochter des Sonnengottes Helios, lebte als Zauberin auf der Insel Aiaia, verwandelt die Gefährten des Odysseus in Schweine.
Coluccio Salutati: 1331 - 1406, bei Pistoia (Toskana) geb., Staatsmann und Humanist.
Darwin, Charles Robert: 1809 - 1882, britischer Naturforscher, Begründer der Evolutions- und Deszendenztheorie.
Erasmus von Rotterdam: 1469 - 1536, bedeutender Humanist, der viele Länder Europas (Niederlande, Frankreich, England, Deutschland, Italien) bereiste.
Evolution: (eigentlich): langsame, kontinuierlich fortschreitende Entwicklung; E. in der Biologie: Wandel in der stammesgeschichtlichen Entwicklung der Organismen.
Frankena, William K.: geb. 1908, Professor für Philosophie an der Universität Michigan (USA).
Gellius, Aulus: geb. 130, lebte in Rom; 175 ließ er sein Werk „Noctes Atticae" in 20 Büchern erscheinen. Den Titel wählte er in Erinnerung an sein Studienjahr in Athen, wo er den Herodes Atticus kennen gelernt hatte.
Geulincx, Arnold: 1624 - 1669, geb. in Antwerpen, Professor für Philosophie und Ethik an den Universitäten Löwen und Leiden.
Grundgesetz: Verfassung der Bundesrepublik Deutschland, 1948 ausgearbeitet, am 23.5.1949 in Kraft gesetzt.
Guardini, Romano: 1885 - 1968, geb. in Verona, Professor für Religionsphilosophie, zuletzt an der Universität München.
Guyau, Jean-Marie: 1854 - 1888, lehrte an einem Lyzeum in Paris Philosophie.
Hartmann, Nicolai: 1882 - 1950: aus Riga, lehrte an verschiedenen deutschen Universitäten Philosophie; er wird in der Geschichte der Philosophie der Phänomenologie zugeordnet, vertritt wie Max Scheler in der Wertelehre die Anschauung, dass Werte eigene Wesenheiten sind, die unabhängig vom Menschen existieren.
Herder, Johann Gottfried: 1744 - 1803, aus Mohrungen (Ostpreußen), Geschichtsphilosoph, Prediger, Schriftsteller. Sein bekanntestes Werk „Ideen zur Philosophie der Geschichte der Menschheit".

Humanisten: im Spätmittelalter galten sie als Vorbilder antiker Gelehrsamkeit und des Lebensideals einer die sittliche und geistige Bildung vereinenden Humanitas, einer auf literarischer Bildung aufgebauten Menschlichkeit. *studia humaniora:* die Studien des klassischen Altertums.

Jaspers, Karl: 1883 - 1969, Professor für Philosophie in Heidelberg, Vertreter des Existentialismus.

Kallikles: 5. Jhdt. v. Chr., radikaler Sophist aus Acharnai (bei Athen), vertrat die Lehre vom „Herrenmenschentum".

Kant, Immanuel: 1724 - 1804, aus Königsberg (Ostpreußen), einer der bedeutendsten deutschen Philosophen; Höhepunkt der Epoche des erkenntnistheoretischen Philosophierens, seine bekanntesten Werke sind die drei Kritiken: Kritik der reinen Vernunft, Kritik der praktischen Vernunft, Kritik der Urteilskraft.

Kollár, Jan: 1793 - 1852, slowakischer Lyriker, Gelehrter, Begründer des romantischen literarischen Panslawismus.

Landino, Cristoforo: 1424 - 1498, aus Florenz; Lehrer der Rhetorik und Poesie, hat sich auch philosophisch betätigt.

Malatesta, Carolo: aus der Adelsfamilie der Malatesta, die aus der Romagna stammte und seit dem späten 13. Jhdt. bis 1503 die Herrschaft (signori) über Rimini hatte.

Marcus Aurelius: römischer Kaiser von 161 - 180, war der stoische Philosoph auf dem Kaiserthron, kämpfte an der Donau bei Wien gegen Markomannen und Quaden.

Mutation: plötzlich auftretende Veränderung in der Erbsubstanz.

Palacký, Jan: 1798 - 1876, tschechischer Historiker und Politiker, nahm an der nationalen Bewegung von 1848 lebhaft Anteil, lehnte aber die Teilnahme an der Frankfurter Nationalversammlung 1848 ab und leitete in demselben Jahr den Slawenkongress in Prag.

Panaitios: ca. 180 - ca. 109 v. Chr., aus Rhodos. Schulhaupt der Stoa seit 129 v. Chr., war auch in Rom (Scipionenkreis), hat die rigorose Moral der älteren Stoa gemildert und sie der Wirklichkeit angepasst.

Papst Johannes Paul II.: Oberhaupt der Katholischen Kirche seit 1978, erster polnischer Papst; vorher Erzbischof von Krakau.

Pico, Giovanni della Mirandola: 1463 - 1494, aus Mirandola (in der Nähe von Modena), widmete sich dem Studium der Philosophie und den *studia humanitatis.* Sein bedeutendstes und bekanntestes Werk ist die Abhandlung „*De hominis dignitate*".

Pieper, Josef: (1904 – 1997), bis 1976 Professor für Philosophie in Münster, geprägt von der Ethik des Thomas von Aquin.

Praxiteles: 4. Jhdt. v. Chr., Bildhauer aus Athen

Platon: 428/27 - 347 v. Chr., aus Athen, Schüler des Sokrates; seine Philosophie wurde grundlegend für die ganze Philosophie des Abendlandes; Gründer der philosophischen Schule der Akademie.

Regulus, M. Atilius: Konsul 267 v. Chr. und 256 v. Chr.; im Ersten Punischen Krieg von den Karthagern gefangen, nach Rom geschickt wegen eines Gefangenenaustausches, freiwillig zurückgekehrt und hingerichtet.

Scheler, Max: 1874 - 1928, aus München, wird in der Philosophiegeschichte der Phänomenologie zugeordnet; Werte sind für ihn metaphysische Gegebenheiten (ähnlich den Ideen Platons).

Schockenhoff, Eberhard: geb. 1954, Professor für Moraltheologie in Freiburg.

Seneca, Lucius Annaeus: 4 v. Chr. - 65 n. Chr., aus Corduba (Spanien), römischer Staatsmann und Erzieher Neros; stoischer Philosoph.

Sokrates: 469 - 399 v. Chr., aus Athen, Begründer einer neuen Epoche der griechischen Philosophie (Mensch im Mittelpunkt), zum Tode verurteilt, Vorbild eines Philosophen (Einheit von Lehre und Leben).

Sophokles: 493 - 406 v. Chr., aus Athen, Dichter von vielen Tragödien, von denen sieben erhalten sind.
Spencer, Herbert: 1820 - 1903, aus Derby (England), studierte Mathematik, Mechanik, Geologie, war erst Redakteur, dann Privatgelehrter.
Suárez, Francisco: 1548 - 1627, aus Spanien, lehrte an verschiedenen Universitäten Spaniens und Portugals Philosophie und Theologie.
Teilhard de Chardin, Pierre: 1881 - 1955, aus Auvergne (Frankreich); er war Theologe und Paläontologe, wollte Naturwissenschaften mit dem christlichen Weltbild versöhnen.
Terentius Afer: 185 - 159 v. Chr., freigelassener Sklave aus Karthago, Komödiendichter, gehörte zum Kreis um Scipio den Jüngeren.
Thrasymachos: Ende 5. Jhdt. v. Chr., aus Chalkedon (Bithynien), Rhetor und Sophist.
Vergil: Publius Vergilius Maro: 70 - 19 v. Chr., aus Mantua, studierte in Mailand und Rom Rhetorik, wurde der berühmteste Dichter Roms; seine Werke: Bucolica (Hirtengedichte), Georgica (Lehrgedichte über den Ackerbau), Aeneis (römisches Nationalepos, Verherrlichung des römischen Kaiserhauses).
v. Weizsäcker, Richard: geb. 1920, Jurist, 1981 - 1984 Regierender Bürgermeister von Berlin, 1984 - 1994 Bundespräsident.
Wolff, Christian: 1679 - 1754, aus Breslau, Professor für Philosophie und Mathematik in Leipzig und Halle; er machte das philosophische Werk von Leibniz bekannt, änderte es aber auch in mancher Hinsicht.
Wust, Peter: 1884 - 1940, Neuphilologe und Philosoph, Professor in Münster; er ist der Vertreter der christlichen Existenzphilosophie in Deutschland.

Inhalt

Abbildungsnachweis: Allen Memorial Art Museum, Oberlin/Ohio (1), Archiv für Kunst und Geschichte, Berlin (12), Artothek, Peissenberg (2), amnesty international – Sektion der Bundesrepublik Deutschland e.V., Bonn (1), Bilderdienst Süddeutscher Verlag, München (1), British Museum, London (1), Gesellschaft für Menschenrechte, Frankfurt/M. (1), Interfoto, München (5), Joram Harel, Wien (1), dpa, Frankfurt (1), Bildarchiv Preußischer Kulturbesitz, Berlin (6), Scala, Antella (2), Stadt Regensburg (1), Ullstein Bilderdienst, Berlin (1), Universität Münster (1), Verlag Öffentliche Kunstsammlung Basel (1), Verlagsarchiv.